相続川柳

【相続を　気軽に学ぶ　五七五】

井出　誠
長岡俊行
〔著〕

東京堂出版

はじめに　『相続を　気軽に学ぶ　五七五』

高齢化が進む我が国において、相続や遺言、葬儀やお墓に関すること等、高齢期にまつわる「備え」に関心を持つ方が増えてきました。「備えあれば憂い無し」と言う言葉が示す通り、「備え」は、日々を安心して過ごすための重要なキーワードですね。

最近では、高齢者の終活を取り上げるテレビ番組・新聞・雑誌等も増えてきたように思います。

その一方で、「備え」に関して、よく使われる終活、相続、遺言、エンディングノート等の言葉自体、そもそも、ネガティブで暗いイメージをお持ちの方も多いことでしょう。人の死に関わることですので、当然と言えば当然かもしれません。縁起が悪い、自分には関係ない、まだ早い、難しそうといった様々な理由から、重要であると感じつつも、目を背けがちな方が多いようにも感じます。

私は、「遺言」「相続」「成年後見」といった高齢期にまつわる、重要ではあると感じつつも避けられがちな話題を、皆様にとって少しでも身近なものに感じて頂きたいと考えております。

気軽にこれらの知識に触れる機会を提供していきたい、そんな想いから「相続川柳」は生まれました。五七五の川柳と易しい文章で書かれた解説文で構成された「相続川柳」は、気軽に読めて、知識も身につく内容となっております。

また、本書「相続川柳」は、相続に関する事柄だけでなく、「相続編」「遺言編」「成年後見編」「終活編」の四章で構成させて頂きました。どの章から読んで頂いても理解できる内容となっておりますので、ご自身の興味がある分野から読み進めて頂ければと思います。

相続なんて難しそう、そんな気持ちをお持ちの方こそ、「川柳」で気軽にこれらの知識に触れてみてはいかがでしょうか。

「相続川柳」が一人でも多くの方のお役に立てれば、幸いです。

平成27年11月

井出　誠

※川柳を読む前に

①法律用語を正しく用いる関係で、字余りが出てきますがご容赦下さい。

②「遺言」と言う文字は、「いごん」又は「ゆいごん」と読んで頂く場合があります。

目次

第二章　遺言編

●遺言とは

●遺言の基礎知識

●自筆遺言

●公正証書遺言

第三章　成年後見編

第四章 終活編

第一章

相続編

第一句

もしもへの　備えは相続　イロハから

「相続」についての正しい知識を学ぶ機会はそう多くありません。皆さんにとって、とても大切な事柄ではあれど、学校でも教えてくれませんからね。

多くの方が、いざ相続の当事者になった時に初めて慌て出すといったケースをよく目にします。相続は法律によって定められている制度ですから、付け焼刃で得た誤った知識をもとに手続きを進めれば、当然痛い目にあう場合もありますので注意が必要です。

この後、相続川柳を読みながら、相続等の理解を進めていくわけですが、その前にさらっと相続のイロハを確認しておきましょう。

民法の条文には、「相続は、死亡によって開始する」とあります。相続は、ある人の死亡を原因に開始され、死亡した方は、被相続人となります。故人のご家族等は、その瞬間からその相続において相続人という立場になりますので、私には関係ないでは済まされないのです。

また、「相続人は、相続開始の時から、被相続人の財産に属した一切の権利義務を承継する。ただし、被相続人の一身に専属したものは、この限りでない」とあることから、相続人は、被相続人の所有していた不動産や預貯金といったプラスの財産と同時に、被相続人が残した借金等のマイナスの財産も引き継ぐことになります。

ただし、死亡した者の一身専属権、例えば、年金を受給する権利などは、その人のみに与えられた権利ですので、相続人が承継する事はありません。

第二句

相続の　手続待っては　くれぬもの

ご家族が亡くなり、残されたご遺族が悲しみにふける中、相続は開始されます。お通夜、ご葬儀、初七日、四十九日と時は足早に過ぎていくことでしょう。ただ、相続が開始されますと、悲しんでばかりもいられません。

相続手続には、それぞれ期限が設けられております。この期限、お役所がわざわざ通知してくれるものではありません。知らなかったでは済まされない重要な期限ですので、代表的なものをいくつか見ていきたいと思います。

例えば、相続において、「私は、故人の残したプラスの遺産もマイナスの遺産も全てを承継します」というのであれば、「単純承認[*1]」といって何ら手続きは必要ありません。

しかし、「借金が多いため、一切相続しません」といった「相続放棄[*2]」や「プラス財産の限度でマイナス財産も相続します」といった「限定承認[*3]」を選択する場合には、相続の開始を知った日から三ヶ月以内に家庭裁判所へ申述しなければなりません。

続いて、相続開始後四ヶ月までには、税務署に対して、故人の所得税申告、いわゆる「準確定申告」を行う必要があります。相続というと相続税のみをイメージしがちですが、所得税の申告も相続人全員の連署にて行わなければなりません。

そして、最後に相続税の申告納付です。相続開始を知った日の翌日から十ヶ月が申告期限です。こちらも期限までに申告を行わないと、無申告課税が課されたり、税額控除の特例が使えなくなってしまったりしますのでご注意下さい。

＊1　単純承認→十九句へ　＊2　相続放棄→十八句へ
＊3　限定承認→二十句へ

相続手続の期限

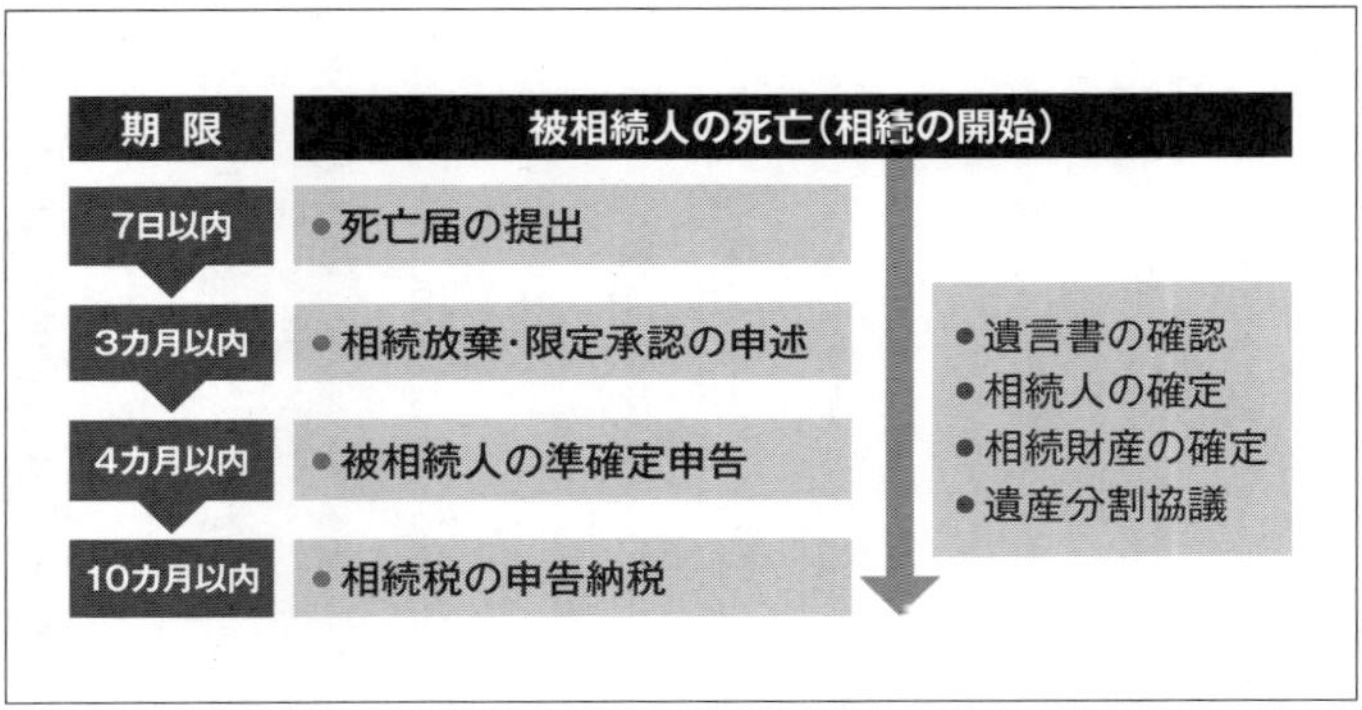

法定相続人の範囲と順位

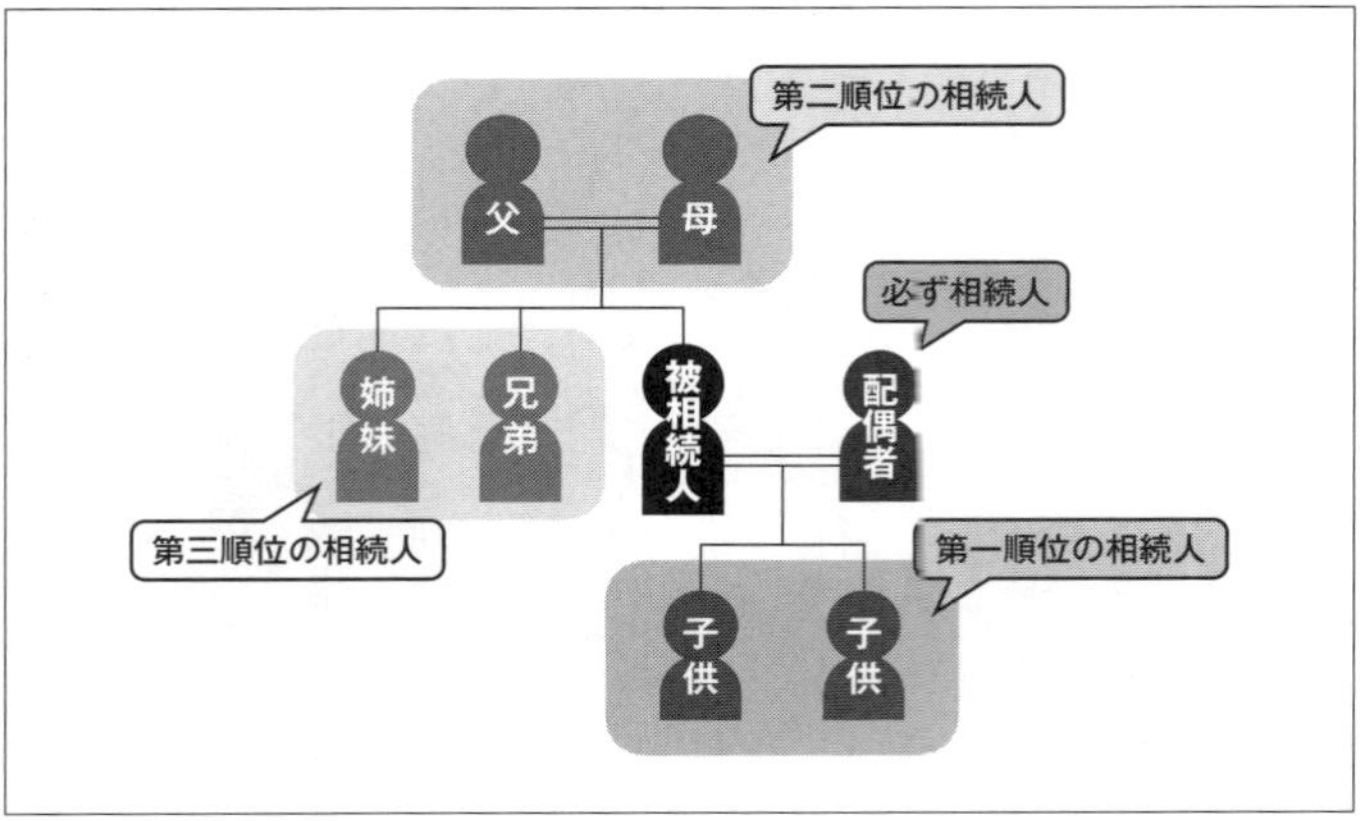

第三句

長男の　嫁にはないよ　相続分

ご高齢の方が日々の生活で介護を必要とする場合、息子夫婦と同居していれば、やはり実際の介護はお嫁さんの仕事となることが多いわけです。親との同居といえば、確率的には長男さんとの同居率が高いですね。

例えば、長男の嫁が一年三六五日、朝から晩まで義父の介護に奮闘しても、残念ながらお嫁さんは法定相続人にはなり得ません。相続において、相続人になれる人の範囲と順位は民法に定められております。配偶者や子供、父母や兄弟姉妹等、いわゆる法定相続人がこれにあたります。ここには長男のお嫁さんは含まれません。

遠方に住む実の娘は、年に一度顔を見せに来る程度だが、長男のお嫁さんは一年中、昼も夜もなく親身になって介護してくれたとしても、やはり、実の娘は法定相続人であり、長男のお嫁さんは、法定相続人にはならないわけです。

もちろん、義父の死亡時、法定相続人たる長男さんがご存命であれば夫婦の財布は一つでしょうから、実質的には、長男の嫁にも幾ばくかの相続分は入ってくるわけですが、もし息子である長男さんが既に他界しているにもかかわらず、嫁は義父と同居して介護にあたっているなんて場合には、法定相続人ではない長男の嫁には、残念ながら遺産はまったく入ってこないことになります。こんな場合は遺言を残すことで、長男の嫁へ**遺贈***するといった手もありますので覚えておくと良いかもしれません。

ちなみに長男だけでなく次男の嫁や三男の嫁も法定相続人にはなれませんのであしからず。

＊ 遺贈→十一句へ

第四句 相続分　婚姻届が　分かれ道

法定相続人には優先順位がありまして、亡くなった人から見て「子や孫」「父母や祖父母」「兄弟姉妹」の順になっています。ここに夫や妻といった配偶者が入っていないのは、順番に関係なく必ず相続人になるからなんですね。

そして、配偶者の法定相続分は一緒に相続する人の順位によって異なるのですが、最低でも半分以上となっています。もちろん、他に相続人がいなければ全部もらえます。「二人で築いた財産」という考え方が強いのかもしれません。

ただ、一口に「夫」や「妻」といっても、内情は人それぞれだと思います。例えば、本妻とは別居して、二十年以上にもわたって内縁の妻と一緒に暮らしていた人が亡くなった場合はどうでしょうか。また、子供を成人まで育てた後に離婚して、亡くなる直前に自分の娘よりも若い女性と結婚した人の場合はどうでしょうか。

このあたりはわりと単純に決められていて、実質的にどんな間柄だったのかは関係なく、平たくいうと「婚姻届を出しているかどうか」だけで判断することになります。

ですから、五十年間連れ添った妻と離婚して、翌日に他の女性との婚姻届を出した直後に亡くなった人がいたとしたら、最後の妻が相続人になるわけです。ちなみに、前妻の相続分は、離婚した時点でゼロになっています。

先ほどの「二人で築いた財産」という考え方とは矛盾してしまうわけですが、このへんが法律の限界なのかもしれませんね。

第五句

相続人　第一順位は　自分の子

第一順位の相続人は、亡くなった人の子供です。正確には「直系卑属《ひぞく》」といって、子が先に亡くなっていれば孫が、孫もいなければひ孫が……といった具合に、理屈の上では延々と続いていくことになります。いわゆる「代《だい》襲《しゅう》相続」といわれるものです。ちなみに、父親が亡くなった時点で胎児だった子は、無事に生まれてくると相続人になります。

ところで、配偶者は離婚をすると相続人ではなくなりますが、このとき、例えば別れた妻についていった子供はどうなるのでしょうか。

もちろん、離婚をしても親子の関係は切れませんので、生き別れになった子も第一順位の相続人であり続けます。そして、自分が再婚して新しい配偶者との間に子供ができたとしたら、すべての子が同じ順位の相続人となるわけです。

ただ、新しい配偶者の連れ子は、そのままでは自分の相続人とはなりません。相続人にしたいときには、養子縁組をして自分の子にするのが一般的です。そして、自分と養子縁組をしても実の親との関係は続きますので、その子は二人の父親または母親の相続人となります。

ちなみに、昔は家督相続の制度がありまし

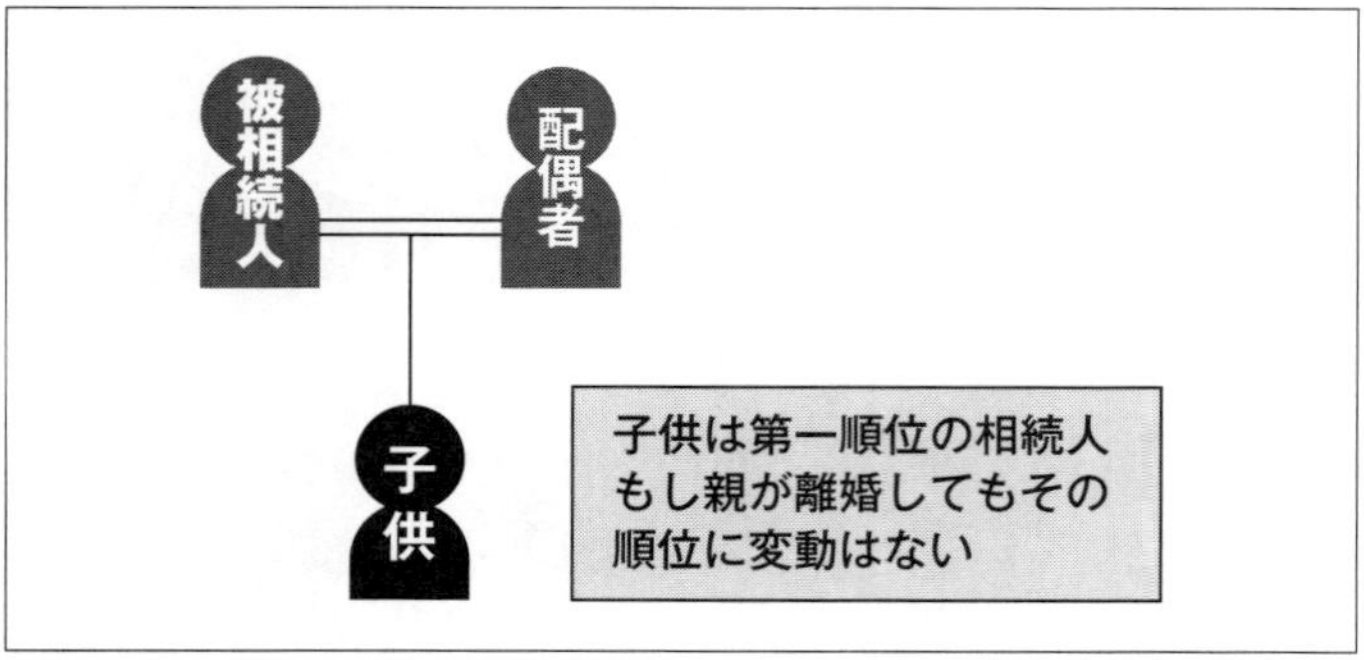
被相続人
配偶者
子供
子供は第一順位の相続人
もし親が離婚してもその
順位に変動はない

たので、基本的に長男がすべての遺産を受け継いでいました。ですが、現行の民法では、婚姻届を出していない男女の子、いわゆる「非嫡出子」も含めて、すべての子が平等に遺産を相続することになっています。

このあたりの考え方は、時代に合わせて変わっております。

第六句

子のいない　子の財産を　親が継ぎ

　第一順位の法定相続人がいない場合、つまり子や孫など直系卑属が一人もいない場合には、亡くなった人の両親や祖父母といった直系尊属《そんぞく》が相続人となります。もともと子がいない人はもちろん、不幸にも子が先に亡くなってしまい、なおかつ孫もひ孫も（それ以降も）いない人が亡くなった場合などが、これに該当するわけです。

　配偶者がいれば、相続人は亡くなった人の配偶者と親になります。このとき両親が先に亡くなっていたとしたら、この相続人となる権利は祖父母へと移っていくわけです。父方と母方にそれぞれ祖父母がいますので、配偶者以外に最大で四名が相続人となる可能性があるんですね。

ここで、両親のうち、父だけが既に亡くなっている場合はどうでしょうか？　母は当然相続人になりそうですが、生きていれば父が相続したはずの権利は、父方の祖父母へと移るのでしょうか？　多少ややこしいところですね。

答えをいってしまうと、このケースで相続人となるのは、配偶者と母親だけです。亡くなった人の両親双方が先に亡くなっている場合に限って、祖父母が相続人となるんですね。

ちなみに、配偶者の直系尊属、つまり義父母などには最初から相続権がありませんので、その点はご安心……もとい、ご注意ください。

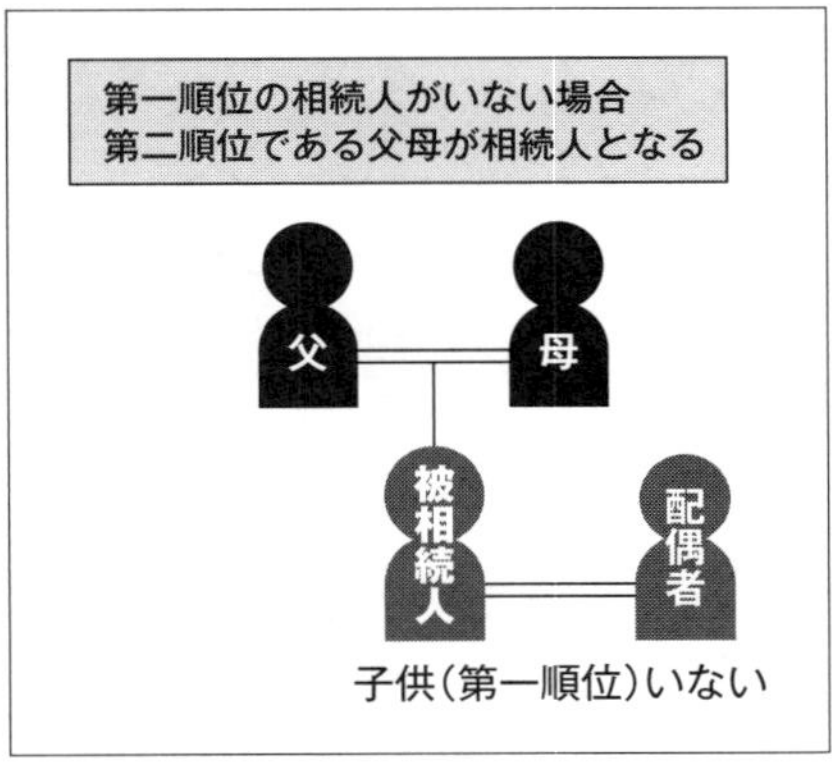

第七句

親も子も　なければ兄弟　姉妹へと

第一順位と第二順位の相続人がいない場合、つまり、子や孫などの直系卑属も、父母や祖父母などの直系尊属もいない人が亡くなった場合には、亡くなった人の兄弟姉妹が相続人となります。

つまり、兄弟姉妹が第三順位の相続人というわけです。ただ、これが相続人の最終順位ということもあって、他の相続人と比べると、いささか恵まれない部分があるような感じもします。

例えば、遺言で極端な遺産分割の指定をされたときなどに自分の取り分が保障される「**遺留分**」*という制度があるのですが、これは相続人の中で兄弟姉妹だけには認められていないんですね。また、相続税の計算をするときも、兄弟姉妹が相続した場合は、配偶者や子供に比べて二割増しとなっています。

そうはいっても、法定相続人であることには違いないので、亡くなった人の家族構成によっては、遺産分割に関係してくることになるわけです。

ただ、いくら血のつながった兄弟姉妹でも、ある程度の年齢になれば離れて暮らしているのが一般的でしょう。そして、親もいない状況を考えると、お互いに高齢者である可能性が高くなります。さらに、兄弟姉妹の中に亡く

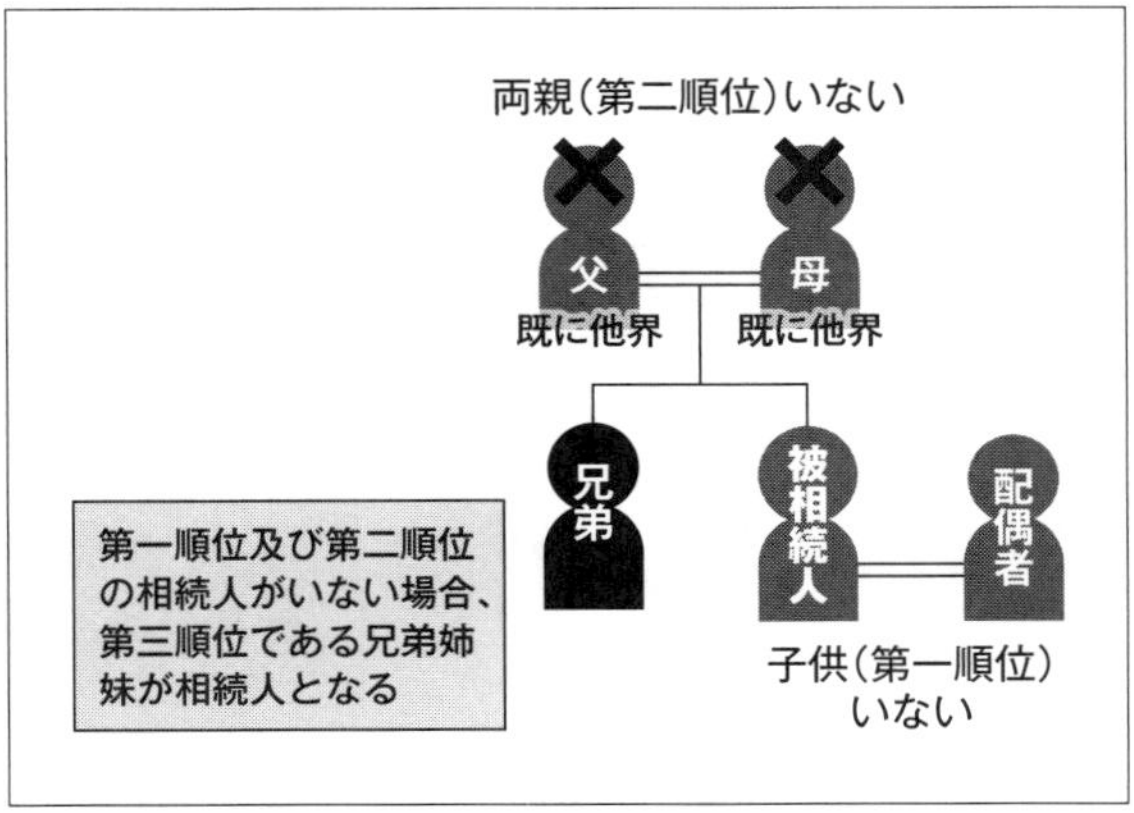

* 遺留分→十三句へ

なっている人がいた場合は、その子である、おい・めいまでは代襲相続が発生します。

　そういった人たちが話を進めていくのですから、兄弟姉妹が相続人になる場合は、とくに手続きが大変になる可能性があります。

第八句

おじからの　遺産もらえど　逆はなし

相続人の範囲は、配偶者に加えて第一順位から第三順位までが法律で決められています。第三順位の兄弟姉妹が先に亡くなっていた場合は代襲相続が発生して、その子供、つまり、亡くなった人から見ておい・めいが相続人になります。

ちなみに、兄弟姉妹の代襲相続は一代限りと決められているため、血縁的に最も遠い相続人としては、おい・めいがこれに当たります（「孫の孫」などが存在すれば別ですが……）。

それでは、逆におい・めいが先に亡くなったときに、おじ・おばが相続することはあるのでしょうか。

亡くなった人に配偶者がなく、第一順位の子や孫も、第二順位の両親もいないとします。ここで祖父母がいるのなら第二順位の相続人となりますが、すでに亡くなっている場合は、第三順位の兄弟姉妹に権利が移ります。

おじ・おばは、祖父母の子供、または、親の兄弟とも考えられます。ここに法定相続の考え方を当てはめてみると、第二順位の祖父母に代襲

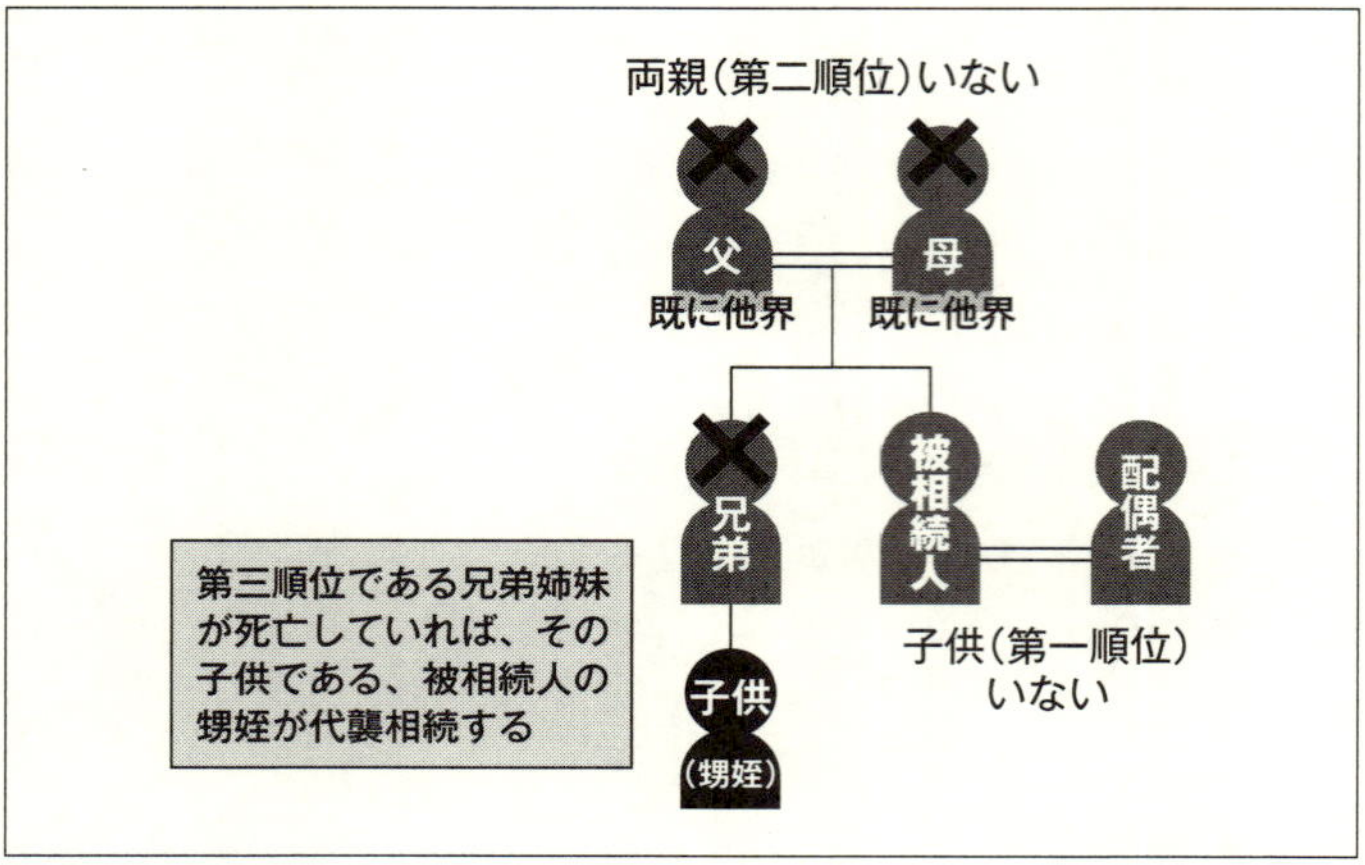

相続が発生することはありませんし、第三順位の兄弟姉妹はあくまでも「本人から見て」ですから、親の兄弟姉妹は関係ありません。

このようなわけで、基本的には、おい・めいの遺産がおじ・おばへ行くことはありません。そして、おじ・おばへ行かないのですから、その子供である、自分のいとこに相続されることもないわけです。

第九句

相続人　いなけりや遺産は　いずこへと

「おひとりさま」という言葉を耳にすることがあるかもしれません。一生独身の方もいれば、子供がいない夫婦で妻や夫に先立たれて、今は「おひとりさま」という方もいるでしょう。両親は既に他界しており、そもそも一人っ子で兄弟姉妹もいないケースなどでは、相続人がいないことになりますね。相続人が一人もいない場合、残された遺産はいったいどうなるのでしょうか？

　ある人が財産を残したままお亡くなりになると、その財産は基本的には相続人が引き継ぎます。しかし引き継ぐ相続人が一人もいない場合、その財産は「相続財産法人」という「法人」になります。この「相続財産法人」の管理は、家庭裁判所によって選任される相続財産管理人が行うこととなります。

相続財産管理人は遺産を管理し清算するのが仕事です。まずは本当に相続人がいないかどうか確認します。その後、被相続人が借金などを抱えていた場合は債権者に弁済したり、遺贈などがあれば、それらを履行したりします。この後、被相続人と生計を同じくしていた者や被相続人の療養看護に努めた者等、特別縁故者といわれる方の請求があれば、家庭裁判所が相当と認めた場合にのみ、この者達に相続財産の全部又は一部を与えることができます。

諸々清算した後に遺産が残った場合には、最終的には国庫に帰属、いわゆるお国のものとなります。

第十句

相続人　確定する為　戸籍取る

相続手続を進めていくうえで、避けて通れないのが、この相続において誰が相続人となるのかを確定することです。相続人が確定しなければ、遺産の分割もできませんし、相続税も計算することができないからです。

相続人の確定なんてしなくても、「ウチは兄弟二人しかいないんだし……」「ウチは相続人は母と私だけですので……」といいたいところかもしれません。

しかし、父が若いころに結婚していて腹違いの子供がいたとか、父が認知していた子供がいた、なんて可能性も無きにしもあらずです。また、相続手続を進めるためには、家族だけでなく、役所や銀行等、第三者が客観的に理解できるように相続人を確定する必要があります。

さて、相続人を確定するには、被相続人の出生から死亡までの連続したすべての「戸籍」をそろえる必要があります。ひとくちに戸籍といいましても、戸籍謄本や除籍謄本、**改正原戸籍謄本***等がありまして、これらを死亡からさかのぼって収集していく必要がありますので、意外と手間がかかります。

また、請求先も最寄りの市役所だけというわけにはいかないパターンが多く、本籍地をさかのぼって各市町村へ請求しなければなりませんので、これも結構面倒な作業となります。

しかし、相続人を確定しないことには、相続手続が進んでいきませんので、戸籍の収集は避けては通れない作業なのです。

＊ 改正原戸籍謄本→三十四句へ

第十一句

相続人　以外にあげたきゃ　遺贈する

自らが築き上げた財産を、ご自身の死後、誰に何を残したいかを考えたことはありますでしょうか? 遺言書を残す事で、財産分配の意思表示をしておかなければ、基本的には法定相続人へ法定相続分通りに遺産が引き継がれていきます。

一方で、法定相続人以外の方にも、ご自身の財産を残したいとお考えの方もいらっしゃるでしょう。

例えば、婚姻はしていないが、長年連れ添った内縁の妻へとか、晩年、介護に尽力してくれた次男のお嫁さんにとか……人それぞれ色々ありますね。

そのような法定相続人になり得ない方へ遺産を残したい場合には、遺言による贈与、いわゆる「遺贈」をお考えになってはいかがでしょうか。

遺贈には、特定遺贈と包括遺贈の二種類がございます。

「〇〇銀行〇〇支店の預貯金を」のように、財産を特定して遺贈することを、特定遺贈と言います。財産は特定せず、「遺産の五分の一を」のように割合を定めて遺贈する方法を包括遺贈と言います。

相続人以外に遺贈をする上で注意したいのが、遺留分ですね。相続人以外の受遺者（遺贈を受ける人）に全財産を遺贈する、といった遺言を書くことも可能ですが、相続人には遺留分がありますので、後に揉め事の種にもなりかねません。遺留分を侵さない範囲で遺贈を行う事をオススメ致します。

第十二句

愛犬の　為に遺贈や　信託も

昨今、空前のペットブームです。中でも犬をペットとして飼われているご家庭は非常に増えています。長年一緒に生活してきた愛犬は、家族以上の存在かもしれませんね。

大切な愛犬を残して飼い主が先に旅立つ。もし愛犬の面倒を見てくれる家族も親類もいないでペットと一緒に暮らしている「おひとりさま」だったとしたら……。

自らの死後、大切なペットのその後を案じ、ペットに遺産を残したいと考える愛犬家の方々は非常に多いです。しかし、どんなに可愛いペットでも、法律上、動物は「物」として扱われてしまうため、遺産を相続する事はできません。

こんなときは「遺贈」や「信託」という言葉を覚えておくとよいかもしれません。

まずは、「負担付遺贈」です。簡単にいうと、自分の死後、大切なペットの世話という「負担」を負ってもらうことを条件として、ペットの世話をしてくれる方へ一定の財産を「遺贈」するという方法です。遺贈ですから遺言を残すことによって行うことができます。

また、最近注目を集めてきたのが「ペットの為の信託」です。信託の場合、相続財産と信託財産が分離できます。信託は契約ですので、受託者に対して一定の義務が課される点なども考慮し、信託を使う方も増えているようです。

どちらにしても、大切なペットの世話をお願いするわけですから誰でもよいというわけにはいきません。事前の人選がとても重要ですね。

第十三句

相続の　最低取り分　遺留分

世の中、期待通りにいかないことは多いものですね。

相続においては、相続人の構成によって相続人ごとの取り分に定めがございます。この定めを法定相続分といいますが、これはあくまで遺言による相続分の指定がない場合のことでして、原則は「遺言による相続分の指定が、法定相続分に優先する」というわけです。

さて、相続人となる人は、えてして自らの取り分を予想し期待します。「三人兄弟だから六分の一はもらえるはずだ」とか、

「一人息子だから二分の一はもらえるはずだ」とか、頭の中にはおおよその金額が浮かぶわけです。

しかし現実には、予想をはるかに下回る配分額が書かれている遺言や、ときには愛人に全財産遺贈して、妻や子供には一銭も残さないなんて遺言もあるかもしれません。

こんなとき、民法は一定の相続人に対して最低限の権利を守ってくれます。遺言によっても侵すことのできない、相続人に保障された最低限の権利、それが「遺留分」です。

遺留分を侵害する遺言や生前贈与があった場合、遺留分を侵害された相続人は、侵害している相手に対して遺留分減殺請求権を行使することができますので、覚えておいてください。ただし、遺留分は直系卑属および直系尊属、そして配偶者である相続人に認められた権利ですので、兄弟姉妹である相続人には認められておりません。

第十四句

遺留分　減殺請求　期限有り

被相続人の死亡により、相続が開始されるわけですが、まず最初に行うべきは遺言書の有無の確認作業です。遺言書が見つかり、相続分の指定がなされていれば、基本的にはその遺言書に書かれている通りに、各相続人へ指定された相続財産が分配されることになります。

しかし、一定の相続人に対しては、遺言によっても侵すことのできない最低限保障された権利である「遺留分」がありますので、これを侵害した相続分の指定がなされていた場合には、遺留分減殺請求権という権利を行使することができるわけです。

この遺留分減殺請求権ですが、いつまでに行使すればよいのでしょうか？法律では、「相続の開始及び減殺すべき贈与又は遺贈があったことを知った時から一年以内」に行使することとなっております。また、遺留分の侵害をだいぶ後に知ったとしても、「相続開始の時から十年」を経過してしまったら権利を行使することはできないとされています。いつでもＯＫというわけではありません。

また、遺留分減殺請求は、**相続放棄**[*]等のように家庭裁判所へ申し立てする必要はなく、相手方である他の相続人等へ「遺留分減殺請求します」と意思表示をすればいいだけです。電話でも直接お会いして伝えてもいいのですが、やはり、権利を行使したという客観的証拠が必要な場合には、書面等で遺留分減殺請求権を行使するといいかもしれません。

＊ 相続放棄→十八句へ

第十五句

特別の　受益と寄与が　認められ

亡くなった人に遺言がなかった場合は、法定相続分を基準に遺産分割協議を進めていくのが一般的です。兄弟間であれば平等に分けるのが原則なのですが、この「平等」に向けて調整するために、「特別受益」や「寄与分」といった話が出てくることもあるでしょう。

「特別受益」の代表的な例としては、「他の兄弟は高校を卒業して働いていたのに、一人だけ医学部まで進学させてもらった」のような感じでしょうか。反対に「他の兄弟を高校まで進学させるために、一人だけ中学卒業後に親の家業を手伝っていた」という場合は、「寄与分」がからんできそうです。

前者は「あなたは恵まれていたのだから遺産の取り分を少なくして」という主張になり、後者は「私は苦労したのだから遺産の取り分を多くして」ということになるわけです。

どちらの場合であっても、家庭裁判所が判断をするときには、その当時の家計の状況なども踏まえて合理的な数字を出すようです。ただ、「家族は互いに助け合うのが当然」という考え方もありますので、ある程度の援助やお手伝いは無視されることもあり得ます。

「特別」受益はもちろんのこと、寄与分についても、原則的には特別なものしか認められないのです。

ただ、「平等」や「特別」という言葉はとらえ方次第なところもありますので、お互いの主張がかみ合わないと、家庭裁判所までもつれ込むことになるわけです。

第十六句

寄与分は　相続人のみ　主張可能

相続には「寄与分」というものがあります。「寄与」とは、人や社会の役に立つとか貢献するという意味です。このようなことから相続においての「寄与分」とは、被相続人の財産の維持や増加に貢献した相続人と、特に貢献していない他の相続人とのバランスを保つため、貢献した相続人に対して一定の評価をし、その分の相続財産を加算して相続させる仕組みです。相続において公平性を保つ趣旨から認められている制度と言えるでしょう。

代表的な寄与としては、労務の提供・財産の給付・療養看護があります。

被相続人が生前行っていた事業に長男が無償で協力していたケースや、一緒に事業を行っていなくても、被相続人の事業の資金繰りが厳しいときに長男がかなりの資金提供をして事業が持ち直したようなケースが考えられます。

一方、評価が難しいのが療養看護の寄与についてです。私は親の介護をしたからとか、頻繁に見舞いに行ったからと、寄与分を主張するケースも見受けられますが、そもそも親子には扶養義務があります。親が病気になれば一定の世話をしたり見舞いに行くのは家族として当たり前のことです。親の介護の為に仕事を辞めて二四時間三六五日介護をしていたとなれば話は別でしょうけどね。

ちなみに寄与分は相続人にのみ認められた制度ですので、相続人以外の者がいくら寄与したと主張しても寄与分を認められることはありません。

第十七句

寄与分が　決まらなければ　家裁まで

遺産分割において、被相続人の財産の維持や増加に貢献した相続人に対しては「寄与分」という制度があります。さて、この寄与分の額や割合は、いったい誰が決めてくれるのでしょうか？

民法では、まず、共同相続人の協議で定めるとありますので、相続人が**遺産分割協議***をする際にみんなで話し合って「寄与分」の額や割合を決めることとなります。

「寄与分」、簡単に言えばその分を多く相続できるということですから、他の相続人からすればその分の相続割合が減るということになります。なかなか一筋縄ではいかない話し合いになりそうですね。

例えば、ある相続人が、寄与分を主張します。金額的に明確な寄与であれば話は早いでしょうが、労務の提供や療養看護の話になりますとそうもいきません。要は「私はこんなにも苦労したんだ」という主張になります。

この苦労、実際のところご本人しかわかりませんので、数字的な評価は非常に難しい上に、ご本人とそれ以外の相続人との間では、苦労に対する温度差が必ず出ることでしょう。故に、寄与分についての話し合いというものは、結構まとまらないケースも多いようです。もっと言うと寄与の評価で揉める分割協議は意外と多いのです。

そのようなことから、相続人同士の話し合いでまとまらなかった場合は、家庭裁判所に対して寄与分についての調停を申し立てることになります。そして、その調停でもまとまらなければ、審判へとなります。

＊ 遺産分割協議→二十七句へ

第十八句

マイナスと　プラスをまとめて　放棄する

相続財産と聞くと不動産や預貯金といったプラスの財産をイメージしがちです。遺産分割で揉めるのも、やはりプラスの財産の取り合いといったケースが多いかと思います。しかし、「相続」とは相続人が被相続人の有していた権利と義務を引き継ぐ制度です。故に、原則的には借金等のマイナスの財産も当然に引き継ぐことになります。

例えば、

「プラスの財産が一切なくマイナスの財産だけを父が残して死んでしまった」

とか、

「夫が亡くなって、家は残してくれたがそれ以上に莫大な借金が残っている」

など。

このようなケースで残された相続人は、どうしてもマイナスの財産を相続しなければならないのでしょうか？　もしそうだとすると誰しもが突然借金を抱えてしまうリスクを負っていることになります。

こんなとき、民法では「相続放棄」という制度がございます。

「相続放棄」した者は、その相続に関して初めから相続人とならなかったものとみなされます。故に、遺産相続における一切の権利と義務を負わないことになりますので、マイナスの財産だけでなくプラスの財産も引き継がなくなるわけです。

「相続放棄」をするには、相続開始を知ってから三ヶ月以内に家庭裁判所へ申し立てを行う必要があります。期限を忘れてたとか、期限なんて知らなかったでは済まされませんので気を付けてください。

第十九句

三ヶ月　経過で単純　承認に

相続放棄をするときには、原則的には相続開始を知ったときから三ヶ月以内に家庭裁判所で手続きをしなければなりません。この三ヶ月間は「熟慮期間」といわれ、放棄も承認もしないままこの期間が過ぎると、相続人はその相続について単純承認したものとみなされます。

つまり、プラスの財産もマイナスの財産も合わせて、すべての遺産を受け継ぐことになるわけです。ですから、亡くなった人の借金が問題にならない場合などは、そのままにしておいても大丈夫といえば大丈夫なのですが、危ないのは、借金の影響が大きい場合です。この「三ヶ月ルール」を悪用して、相続開始から三ヶ月以上が経過するまで借金の存在を黙っているような業者もいるそうです。

ただし、このようなときでも、家庭裁判所が「借金の存在を知っていれば放棄していただろう」と認めた場合などは、相続開始から三ヶ月が経っていても放棄できる可能性はあります。

また、借金の存在を調べるのに時間がかかってしまう場合などは、家庭裁判所に熟慮期間の延長を請求することもできます。

ちなみに、三ヶ月を経過する前に相続人が相続財産の一部または全部を処分した場合も、単純承認したものと見なされます。亡くなった人が貸していたお金の返済を相手に請求した場合などもこれに当たりますので、ご注意ください。

第二十句

相続の　限定承認　全員で

亡くなった人の財産と負債のどちらが多かったのかがはっきりしない場合などは、相続を単純承認するか放棄するか迷ってしまうのではないでしょうか。そんなときは「限定承認」を選ぶこともできます。

限定承認をすると、相続で得た財産の限度で返済などの義務を負うことになります。つまり、もらった分を超えてまで借金を負わなくてもよくなるんですね。もちろん、財産のほうが多かったら、余った分をもらうことができます。

この限定承認も、放棄と同じように、原則的には相続開始を知ったときから三ヶ月以内に家庭裁判所に申述する必要があります。

ただ、やっかいなことに、限定承認は相続人全員が共同して行わなければなりません。ですから、相続人の一人が単純承認してしまったら、もう限定承認をすることはできないわけです。一方、放棄した人がいた場合は、その人は相続人でなかったものとみなされるので、残りの相続人全員で限定承認をすることができます。

限定承認をするときには、その時点で判明している遺産の目録を作らなければなりません。また、申述している者が相続人全員であることを証明するために、亡くなった人の戸籍謄本等を出生から集める必要もあります。さらに、受理された後の手続きもけっこう大変です。

そのようなこともあってか、限定承認はあまり利用されていないのが現実です。

第二十一句

承認と　放棄の選択　一度きり

相続人が相続財産を受け取りたくない事情があるときには、家庭裁判所で相続放棄の手続き（申述）をすることができます。ここ数年、家庭裁判所では年間に一五万件以上が受理されているようです。

プラスの財産よりもマイナスの財産である借金が多い場合などに相続放棄を選ぶのが一般的なのでしょうが、いったん放棄してしまったら、原則的には取り消すことはできません。

ですから、自分の親には借金しかないだろうと考えて放棄をしたのに、後から多額の財産が見つかって悔しい思いをすることも考えられるわけです。

反対に、放棄しないで遺産を受け継ぐ場合、つまり、相続を承認した場合にも、これを取り消すことはできないのです。

こちらはもっと深刻で、承認した後に多額の借金が出てきたら、相続人の生活が激変してしまうこともあり得るわけです。

こういった問題を避けるためにも、自分の財産について日ごろから家族とよく話し合っておくことが大切なのかもしれません。仮に借金があって、その存在を打ち明けられないのであれば、遺言に書いておくのも一つの手かと思われます。

第二十二句

放棄して　代襲相続　不可能に

被相続人が死亡した場合、その者に子がいれば、子は第一順位の相続人となります。

しかし、親の死亡以前に子供が亡くなっていた場合はどうでしょう。もし、この子供に子供がいれば、要は被相続人にとってのお孫さんがいらっしゃれば、このお孫さんが「代襲相続」することになります。同じように、兄弟姉妹が先に亡くなっている場合にも「代襲相続」は認められています。

一般的に「代襲相続」は相続人たる者の死亡のみを原因に行われる制度と

思われている方もいらっしゃいます。しかし、死亡のみならず、「**相続廃除**[*1]」をされた場合や「**相続欠格**[*2]」にあたる場合などで、相続人としての権利を失った場合にも「代襲相続」が認められます。

被相続人の子供が、生前、被相続人に対する虐待や著しい非行を行って相続人から廃除された場合などでも、その子、要は被相続人の孫には一定の相続財産が代襲相続として引き継がれていくわけです。

ここで、「相続廃除」や「相続欠格」と似た言葉で、「相続放棄」というものがあります。「相続放棄」とは、私はプラスの財産もマイナスの財産も一切相続致しませんと裁判所に申し立てることですが、この「相続放棄」によって相続人としての権利を失った場合には、「代襲相続」は認められておりませんので、お間違えのないように。

しかし相続に関連する言葉って似たような言葉が多いですね。

＊1　相続廃除→二十六句へ　＊2　相続欠格→二十五句へ

第二十三句

生きている　親の財産　放棄不可

借金が多くて相続財産がマイナスだった場合などに、相続人が相続放棄を選択することが考えられます。また、「自分には十分に財産があるので、遺産は他の相続人で分けてほしい」という思いで放棄を選択する人もいるのではないでしょうか。

後者の場合は、遺産分割協議で相続分をゼロにすれば済む話でもあるのですが、放棄ができないわけではありません。

ただ、相続の放棄ができる期間は、「自己のために相続の開始があったことを知った時から三ヶ月以内」と民法に定められているので、注意が必要です。

この条文は、「三ヶ月以内に放棄をしないと手遅れ」という説明によく用いられますが、同時に「放棄ができるのは相続の開始を知った時点から」ということも読み取れます。

つまり、相手がまだ生きている間には、その人の死亡によって将来に発生する相続を放棄することはできないのです。

ですから、「(これから発生する)誰々の相続に関しては相続分を主張しません」といった誓約書などを作って実印をついたとしても、法律的には効果がありません。

そのようなわけで、相続の放棄をしたい場合には、相手が亡くなってからの三ヶ月間でするしかないのが現実なのです。

第二十四句

特定の　遺贈いつでも　放棄でき

遺言で相続人以外の人に財産を譲りたい場合は、相続させることができないので、遺贈することになります。遺贈には包括遺贈と特定遺贈の二種類があって、放棄することができる期間についても違いがあります。

包括遺贈の受遺者には相続人と同一の権利義務がありますので、相続人と同じように、自分に遺産が入ってくることを知った時点から三ヶ月以内に承認か放棄かを選択しなければなりません。そして、放棄する場合は家庭裁判所への申述が必要となります。

これに対して特定遺贈の受遺者は、とくに期間の制限はなく、いつでも遺贈を放棄することができるのです。また、家庭裁判所での手続きも必要なく、法律的には口頭で相続人に伝えるだけでも有効です。まあ、後で証拠となる書類を作成するのが一般的なのですが。

ただ、いつでも放棄できるとなると、相続人は自分のもらえる相続財産が確定せず、困ってしまうことになるでしょう。このようなときには、**遺言執行者**[*]などから、ある程度の期間を定めて「承認するか放棄するか」を決めてもらうように求めることができます。

ちなみに、期間内に回答がない場合は、承認したものとみなされることになっています。

＊ 遺言執行者→六十六句へ

第二十五句

相続人　遺言《いごん》隠して　欠格に

本来は相続人となるはずだった人でも、一定の不正を働くと、自動的に相続人から外されてしまうことがあります。いわゆる「相続欠格」というもので、どういう場合に欠格になるのかまで、民法にしっかりと定められています。

まずは、遺産をもらう相手や同順位以上の相続人に対する殺人（未遂）が挙げられていますが、これはかなり特殊な事例でしょう。また、詐欺や強迫によって遺言を書かせたり取り消させたりした人なども、やはり問題外といえそうです。

ほかには、遺言書の偽造や変造、そして破棄または隠匿などが挙げられています。自分に有利なように遺言書を書き換えてしまったり、自分に不利な遺言書を隠してしまったり……ドラマなどではよく見る展開ですが、それをやったらおしまいです。

ちなみに、「不当な利益を目的」として遺言書を破ったり隠したりしたのでなければ欠格者にならないとされた裁判の例もありますので、誤って遺言書を燃やしてしまった場合などは欠格にならない可能性があります。

とはいえ、それが原因で相続人同士の関係が悪くなることも十分に考えられますので、やはり遺言書の扱いは慎重に行いたいものです。

第二十六句

親不孝　相続人から　廃除され

親に対して迷惑ばかりかけている子がいたとしたら、その子には遺産を残したくないと思ってしまうのが人情なのかもしれません。しかし、たとえほかの人にすべての遺産を譲るような遺言を作ったとしても、最低の取り分である遺留分は残ります。

そんなこともあってか、民法には、自分の意思で特定の人を相続人から外せる仕組みが定められています。具体的には、本人に対して虐待や重大な侮辱を加えた人や、その他の著しい非行があった人を、家庭裁判所に請求することによって相続人から廃除することになります。

もっとも、請求があれば必ず認められるものでもなく、やはりそこは家庭裁判所の判断を仰ぐことになります。相続人から外して相続権を奪うのですから、それなりの理由が求められるのは当然のことといえるでしょう。

ちなみに、廃除の対象となるのは、「遺留分を有する推定相続人」に限定されています。なぜなら、遺留分のない兄弟姉妹については、遺言でそれ以外の人に遺産を渡してしまえば、結局は廃除されたのと同じことになるからです。

第二十七句

遺言《ゆいごん》が　無ければ分割　協議へと

ご家族の死後、通夜や葬儀等々、時は足早に過ぎゆくものなので、落ち着いて相続について考える事ができるようになるのは、少し時が経ってからになるのかもしれません。

相続が始まると、まずは遺言書の有無を確認する必要があります。なぜなら、有効な遺言書が存在すれば、基本的にはそれを元に遺産の分割や各種名義変更の手続きを進められるからです。

一方、遺言書がない場合には、いよいよ相続人全員で遺産分割協議へという流れになります。「相続人全員で」が大原則ですから、一人でも欠いた協議は無効です。だからといって、一カ所にみんなで集まって何時間も延々と話し合いをしなければならないというわけではありません。相続人が多い場合や、遠方に住んでいたり病気で入院中の方がいたりする場合、なかなか全員で集まるのも大変ですしね。

遺産分割協議は、ザックリ言ってしまえば、残された遺産を誰に何をどれくらい分けるかが決まればいいわけで、その話し合いの過程は、電話でも手紙でもメールでもいいわけです。ただし、最終的な協議の成立は、相続人全員が納得・合意の上で決めなければいけませんよということになります。

協議が成立したら、それを遺産分割協議書にまとめます。遺産分割協議書には相続人全員が合意したことの証として、それぞれが実印をつく必要があるのですが、ここで、俗に言う「印鑑代として」みたいな話が出てくるケース、結構あるようです。

第二十八句

分割は　現物　換価《かんか》　代償で

相続人が複数いる場合には、どの財産を誰がどの程度相続するかなどを話し合う必要があります。これが遺産分割協議です。遺産分割協議の結果、各相続人にそれぞれ遺産が分配されていくわけですが、その分割方法は、主に三つありますので確認していきましょう。

まずは、「現物分割」です。読んで字のごとく現物を各相続人が相続します。例えば、この不動産は長男へとか、この預貯金は次男へ、といった方法です。現物で分けますので、各相続財産の権利関係が明確になります。

次に、「換価分割」です。相続した財産の一部もしくは全部を金銭に換えて、その金銭を分割する方法です。例えば、不動産が遠方にあり、どの相続人もその不動産の取得を希望しない場合などが考えられます。その不動産を売却し、その現金を分割するため、相続分もきっちり公平に分けられるかもしれません。

最後に、「代償分割」ですが、特定の現物を特定の相続人に取得させ、取得した相続人が他の相続人に対して、金銭等の財産を代わりに与える方法です。例えば、親と同居していた家を長男が相続し、長男は次男と三男に対して一定分の現金等を与えるような場合です。現在住んでいる不動産を売却しなくても済みますね。

どの分割方法が良いかは、相続する財産の種類によっても違ってきますので、しっかり話し合うことが必要です。

第二十九句

相続人　みんなの意思で　遺産分け

遺産分割は相続人全員でしなければなりません。一般的な協議であろうと家庭裁判所での審判であろうと、一人でも相続人が欠けているものは無効となります。

そのようなわけで、相続人の中に未成年者や**成年被後見人**[*1]がいる場合は、特別代理人や**成年後見人**[*2]、さらには**成年後見監督人**[*3]などが必要になることもあります。行方不明者がいたときに**不在者財産管理人**[*4]を選任するのも同じ理屈です。

ただ、全員参加とはいっても、全員が一つの場所に集まる必要まではないとされています。ですから、電話などで遺産の分け方を話し合って、まとまった遺産分割協議書を郵送で回して各相続人が実印を押していくようなやり方も、とくに珍しいことではないようです。

また、遺産分割協議の結果、ある相続人の取り分がゼロになったとしても、全員が納得しているのであれば、まったく問題はありません。つまり、必ずしも全員に遺産が行き渡らなくてもよいわけです。

遺産分割に相続人全員の意思が関わっているかどうか……法律的にはそこが重要になってきます。

そう考えると、亡くなった人の持っていた不動産や預貯金の名義変更をする際、すべての相続人が関わっていることを証明するために、戸籍謄本等と全員の実印を押した遺産分割協議書を求められるのも、筋の通った話ではあるのです。

＊1　成年被後見人→八十三句へ　＊2　成年後見人→八十四句へ
＊3　成年後見監督人→八十九句へ　＊4　不在者財産管理人→三十一句へ

第三十句

分割の　協議はできぬ　未成年

未成年でも十五歳になれば遺言をすることができます。つまり、自分の意思で自分の財産の処分方法を指定できるわけです。しかし、逆に遺産をもらう場合は、その分割協議で自分の意思を主張することはできません。

これは、未成年者が基本的に一人ではローンを組んだり古本を売ったりできないのと同じ理屈です。ただ、一般的な売買なら親などの法定代理人が同意すれば契約を進めることもできるのですが、遺産分割協議だと、そうもいかない場合があるのです。

例えば、父親が亡くなって妻と未成年の子が遺産を受け継ぐとしたら、財産を妻と子で分けることになります。つまり、妻が多くもらえばそれだけ子の分が少なくなるわけです。このように「利益相反」が生じる場合は、妻が子の代理をするわけにはいきません。

このような場合は、子の意思を代理する者として、原則的に「特別代理人」が必要になります。そして、特別代理人は家庭裁判所に申し立てて選任してもらわなければなりません。たとえ法定相続分どおりに分けるときであってもです。

特別代理人は、親と子の利益が相反するときはもちろん、未成年の子同士の利益が相反するときなどにも必要となります。いくら未成年でも、本人の相続分を親が勝手に決めることはできないのです。

第三十一句

相続人　行方知れずで　家裁まで

遺産分割協議は、相続人全員が関わっていないと無効になってしまいます。それでは、相続人の中に行方不明者がいる場合はどうすればよいのでしょうか。

このような場合、大きく分けて二つの対応策が考えられます。

一つ目は、行方不明者の財産を管理する人を設定する方法です。この人は、「不在者財産管理人」と呼ばれ、不在者本人の財産を管理するのが基本なのですが、家庭裁判所の許可を得て遺産分割をすることもできるのです。

もう一つは、「失踪宣告」という制度を活用する方法です。行方不明になった人の生死が七年間にわたって明らかでないときは、その人は法律上死亡したものとみなすことができます。また、事故や災害などによって行方不明になった場合は、七年間ではなく一年間で判定します。

失踪宣告の場合は不在者が死亡したものとみなされますので、その人に子がいなければ相続人が一人減ることになりますが、子がいた場合は代襲相続によってその子が相続人となります。また、その人自身の相続も開始するので、そちらの手続きも必要になってくるわけです。

不在者財産管理人選任と失踪宣告のどちらを選ぶかは相続人次第ですが、いずれの場合もまずは家庭裁判所に申し立てることになります。

第三十二句

財産が　ないから揉めない　それ危険

日々のご相談やセミナー等で、相続や遺言のお話をさせて頂いておりますが、相談者又は参加者の方がよく、「ウチは財産なんてほとんど無いから大丈夫ですよ。揉める程の金なんてないしね」という言葉を口にする場合があります。皆さん多少のご謙遜もあっての事でしょうが、本当によくこの言葉を耳にするのです。

映画やドラマなどで見受けられる「相続争い」では、確かに大金持ちが残した莫大な遺産でトラブルにというケースが多いかもしれませんが、実際の社会においてはどうかといいますと、必ずしもそればかりではないようです。

さて、相続トラブルにおいて、遺産分割協議が整わない場合などには、家庭裁判所へ遺産分割調停手続を行う事になります。ちなみに調停でも解決が難しい時は、審判へとなります。この遺産分割調停ですが、過去の統計によりますと、全体の約七割程が五〇〇〇万円以下の案件であり、全体の三割程は一〇〇〇万円以下の案件ということです。

五〇〇〇万円以下ですと、不動産と多少の預貯金をお持ちの方が対象ですし、一〇〇〇万円以下ですと、不動産をお持ちでない方も対象となってくるかもしれません。

以上のことから、相続で揉めるケースとは、必ずしも財産を沢山持っている場合に限られないということが分かってきます。

「ウチは財産なんて無いから大丈夫」と安易に考え、遺言の備えや相続対策から目を背けてしまうと、残されたご家族が後々苦労するケースが多いように思います。十分ご注意下さい。

第三十三句

海外で　サイン証明　取得する

昨今「グローバル社会」などと言われております。老いも若きも海外に居を移すことは、一昔前よりだいぶハードルが下がったように思います。定年退職を機に海外移住を図る、リタイヤメントロングステイヤーの数も増えてきているようです。

さて、相続において、相続人の一人が海外在住という話も珍しくはありません。このようなケースでは、ただでさえ面倒な相続手続において一層手間が増えることでしょう。相続人が集まって遺産分割協議を行うことさえ難しいかもしれません。

遺産分割協議書を作成する際、不動産や預貯金の名義変更を前提とするならば、原則、相続人全員の押印及び印鑑証明書が必要となります。しかし、この印鑑登録制度というのは日本独自の方式ですので、海外では印鑑証明書なんて取得できません。では、いったい海外在住者の相続人はどうしたらよいのでしょうか？

このようなケースでは、「サイン証明」という制度があります。海外の大使館・領事館では、印鑑証明の代わりとして、海外在住日本国籍者のご署名等を証明してくれる便利な制度があります。これが、サイン証明又は署名証明といわれるものです。

この制度、その場でご本人がしたサインを証明してくれるものなので、代理人申請や郵送による申請は認められておりません。ですから、必ずご本人が大使館・領事館へ足をお運びください。

第三十四句

原戸籍　解読困難　達筆で

多くの市町村では、窓口で戸籍（謄本・抄本）を請求すると、Ａ４の用紙に横書きの文字で印刷されたものが出てきます。慣れていないと内容を理解するのがちょっと難しいかもしれませんが、活字なので読めないことはないでしょう。

この横書きの戸籍が採用されたのは平成に入ってからなので、相続人を確定するために亡くなった人の出生まで調べようとすると、たいていの場合は縦書きのものを目にすることになります。

改製によって現在は使われなくなった戸籍を「現戸籍」に対して「原戸籍」というのですが、どちらも「ゲンコセキ」になってしまうので、区別するために「ハラコセキ」と呼ばれることが多いです。

原戸籍であっても、比較的新しい情報は活字になっていることもあるのですが、ある程度より前のものになると、やはり手書きになっています。そうなってくると、書いた人によって文字の読みやすさにかなり差が出てきてしまいます。

ただでさえ、「十月二十二日」が「拾月廿弐日」といった具合で苦労するのに、人によっては容赦なく文字を崩したり省略したりしているので、達筆な筆文字を読み慣れていない現代人には、けっこう厳しいものがあります。

そんなときは、「家督相続」や「届出」といったキーワードを頼りに、周りの文字を推測していくようなこともあるわけです。

第三十五句

相続の開始で預貯金凍結し

銀行や郵便局の預貯金は、たとえ自分のものであっても、一定の手続きを踏まないと引き出すことができません。これが相続人名義の預貯金となると、さらに大変になるわけです。

理屈の上では名義人が亡くなった時点で相続人に権利が移っているのですが、そのまま窓口に行ったとしても、まず下ろさせてはくれません。自分が相続人であることに加えて、その預貯金を処分する権利があることを証明しないといけません。

例えば、二人兄弟が相続人だったとして、長男が「二分の一だけでいいから」と言ってお金を引き出したとします。その後に、「その口座の預貯金はすべて次男に」という遺言書を持った次男が窓口に来たら、大変なことになってしまいます。

ですから、名義人が亡くなったことを金融機関が知ったならば、有効な遺言書や遺産分割協議書などが提出されるまでは、口座を凍結して誰にも預貯金をいじらせなくします。

名義人の死亡をはっきり伝えた場合はもちろん、窓口に行って「亡くなった人の口座から葬儀費用を下ろしたい」などと伝えた場合も、金融機関は凍結せざるを得なくなるでしょう。

以上のことから、葬儀費用や最後の医療費などを本人の財産から支払う予定があるのであれば、あらかじめ現金で用意しておくのが無難だと思われます。

第三十六句

父の家　相続したが　祖父名義

土地や建物といった不動産の持ち主は、登記事項証明書に記載されています。いわゆる登記簿というやつですね。

不動産の所有者等が亡くなって相続が発生したときには、その権利は相続人へと受け継がれます。ただ、登記簿の名義人まで自動的に変更されるわけではありません。証明書の内容を更新するためには、法務局に申請書を提出して、相続登記の手続きをしなければなりません。

亡くなった人からの名義変更ですから、それなりの手間がかかりますし、登録免許税などの費用もかかります。そして、相続登記には期限がないので、長年にわたって手続きをしない人もめずらしくはありません。

役所からは、固定資産税等の納税者だけは相続人の代表者などに変更するよう求められますが、納税者と登記の名義人が一致していなくても問題ないので、相続登記を強いられるようなことはありません。

ただ、その不動産を売りたくなった場合や、お金を借りるために担保として差し出そうとした場合に、亡くなった人の名義だと、話が進まなくなってしまいます。

ちなみに、権利自体は死亡によって相続が発生する度に動いていますから、亡くなった父の家が祖父名義のままだった場合などは、おじなどを経由していとこも権利者の一人となっていることがあり得るわけです。

どんなに細分化されても権利者ですから、場合によっては何十人もの実印が必要になってくることもあります。

第三十七句

自動では　相続できぬ　自動車は

預貯金や土地建物と同じように、自動車も持ち主がはっきりとしているものですから、裏を返せば相続のときに名義変更が必要になるわけです

売買などによって車の名義変更をする際、軽自動車であれば認め印でやり取りができるのですが、普通自動車（白いナンバー）の場合は原則的に実印と印鑑証明が必要になります。そして、これは相続のときも同じです。

ですから、亡くなった人が普通自動車を持っていた場合は、相続人の誰かがもらうにせよ第三者に売るにせよ、はたまた廃車にするにせよ、相続人全

員の実印を押した遺産分割協議書が必要になります。

ちなみに、これには例外がありまして、年式の古さなどによって相続する自動車の査定価格が一〇〇万円以下になっていれば、申請人の実印だけを押した「遺産分割協議成立申立書」でも手続きを進めることができます。

ただし、名称からもわかると思いますが、あくまでも遺産分割協議が成立していることが前提となっていますので、相続人の一人が自由に処分できるわけではありません。

そうはいっても、相続人の全員を証明する手間などは省けますので、話し合いはついているものの戸籍等をそろえる時間がない場合などには、有効な手段といえるのではないでしょうか。

第三十八句

香典は　遺産分割　対象外

お通夜やご葬儀の際、一般的には不祝儀袋に包んだ「香典」を持参することになります。社会的慣習である「香典」は、宗派によっても異なりますが、表書きには御霊前と書かれているものがオーソドックスですね。御霊前ですから、線香や花の代わりに死者の霊前に供える金品ということであり、故人とおつき合いのあった方々から故人への贈り物であると考える方も多いかもしれません。

そうしますと、この「香典」は、故人の相続財産に含まれることとなり、遺産分割協議を経て各相続人が相続するということになるのでしょうか？

そもそも香典はいったい誰に帰属するものなのでしょうか？

「香典」が誰に帰属するかといったことは、実は法律には記載がありません。

しかし、多くの判例では「香典」は、葬儀等の参列者から喪主（祭祀《さいし》承継者）になされた贈与であると解釈されております。


もちろん「香典」は、お世話になった故人への感謝の気持ちとして贈るといった性質がありますが、その一方で、葬儀等の費用負担の軽減という趣旨で贈られるものでもありますので、一般的に葬儀等の費用負担者たる喪主（祭祀承継者）への贈与という考え方になります。

故に、「香典」は、故人の相続財産には含まれないということになりますので、遺産分割協議の対象とはなりません。覚えておいて下さい。

第三十九句

仏壇や　墓の承継　慣習で

遺産分割について遺言の指定がない場合に、相続財産を分ける際の基準となるのが法定相続分です。基本的には亡くなった時点で持っていたすべての財産を合計し、そこから法定相続分を基準に分けていくことになります。

ただし、これには例外があって、「祭祀《さいし》に関する権利の承継」というものが、特別に決められております。

法律では、「系譜、祭具及び墳墓」が、いわゆる「祭祀財産」として挙げられています。系譜は家系図、祭具は仏壇や位牌など、そして墳墓は墓石や墓地のことです。これらも相続財産ではあるのですが、法定相続分で分けるものではありません。

それではどうするのかというと、「(その土地や家の) 慣習に従って祖先の祭祀を主宰すべき者が承継する」となっています。

もっとも、遺言で祭祀承継者の指定がされていれば、慣習よりもそちらを優先しますし、遺言はなくても生前に「お墓は誰々に任せる」みたいなことが伝えられていれば、それに従うことにはなります。

いずれにせよ、お墓の管理や法事の段取りをする人が、仏壇やお墓も受け継いでいくんですね。ちなみに、祭祀承継者は相続人以外の人でも構いません。

以上のことから、日本では長男が祭祀財産を受け継ぐことが多かったようですが、最近はこのあたりも一概には語れないようです。

第四十句

財産の　特定悩ます　パスワード

相続が開始されますと、遺言書がない場合には、遺産分割協議を行うことになります。

遺産分割協議は、主に相続財産の取り分を話し合うわけですから、当然、相続財産の確定が必要になってくるわけです。どんな財産や負債があるのかがわからなければ、取り分も話し合えません。

さて、遺産分割協議の対象となる代表的なものには、不動産や預貯金、証券などがあります。不動産に関しては、登記事項証明書や固定資産の評価証明書を収集することで特定が容易ですので、あまり問題にならないかもしれません。

それに対して、預貯金や証券の特定には、若干手間取るケースも増えてきております。というのも、昨今のネット社会、ネット銀行の利用やインターネット株取引等を行う方が増えてきました。そもそも株券や通帳がないうえ、やりとりもメールやネット上で完結してしまうため、郵送物等も送られて来ません。そんなケースでは、どこの金融機関や証券会社と取引があるのかを把握するのでさえ手こずります。仮に存在がわかったとしても、次にパスワードがわからないためサイトにログインもできない。パソコン自体のパスワードがわからず、パソコンすら開けないケースもあるかもしれません。今はいろんな場面でパスワードが要求される時代となってきております。

後の相続のことを考えると、**エンディングノート**[*1]や**財産目録**[*2]にそれぞれのパスワードも記載してあげておくと、手続きもスムーズに進むかもしれませんね。

＊1　エンディングノート→九十一句へ　＊2　財産目録→九十二句へ

第四十一句

相続税　まずは財産　棚卸し

日々お受けする相続に関する質問でとても多いのが、「ウチは相続税かかりますかね？」というものです。遺産の分割割合や分割方法以前に、まずはここを聞いておきたいという方、結構多いです。出て行くお金に関しては、誰しも関心が高いものですね。

また昨今、相続税の**基礎控除**[*1]額が変更されたことにより、より一層、相続税に関心を持たれる方が増えてきたように思います。

自分が亡くなった際、相続税はかかるのか、かからないのか。もしかかるならいくらかかるのか単刀直入に教えて欲しい。というものなのですが、これに関しては、即答できるほど単純なものではありません。

相続税の計算は、基礎控除をはじめ、**評価減の特例**[*2]や**税額軽減の特例**[*3]等が絡んできます。また、生命保険や死亡退職金など対象財産によっては、一定の非課税額もあります。これら全てを把握したうえで算出する必要がありますので、結構複雑なんです。そもそも、相続税の試算を業務として行えるのは、税理士だけなのです。

さて、基礎控除や評価減及び税額軽減の特例等を計算するにも、どのような相続財産があるのかが決まっていなければ、話が進みません。

相続税がかかるのか？　かかるならいくらかかるのかを知りたい方は、まずはご自身の財産の棚卸しを行う必要があります。一口に財産といっても、相続税の対象となる財産と、対象にならない財産もありますので、これらを整理して財産目録を作成することから始めて行きましょう。

＊1　基礎控除→四十三句へ　＊2　評価減の特例→四十六句へ
＊3　税額軽減の特例→四十四句へ

第四十二句

相続税　原則金銭　一括納付

人の死亡を原因として一定の財産を取得した個人に課される税金、それが相続税です。遺産相続において、相続税の課税対象となる財産が基礎控除額を超えている場合には、相続の開始があったことを知った日の翌日から十ヶ月以内に相続税の申告と納税が必要となります。

相続税を課税される方が、期限までに納税しなかった場合は、延滞税や無申告加算税等が課される可能性があるだけでなく、悪質なケースでは逮捕されてしまう場合もありますのでご注意ください。

さて、その相続税の納付についてですが、金銭で一括納付するのが原則です。つまり、納期限内に全額を現金等で支払う必要があるわけです。

しかし、納税額がかなりの額になってしまって全額は厳しいとか、相続したのは土地建物だけなので現金納付は厳しいなどといったケースももちろん出てきます。そんなときは、一定の条件を満たすことで、一度に全額をではなく、分割して支払う「延納」や、相続した不動産などの現物で支払う「物納」といった納付方法の特例が認められるケースもあります。ただし、制度改正後、「物納」に関する要件は厳格になり、「物納」での納税はなかなか厳しくなっているとも聞きます。「困ったら最悪物納すればいいんでしょ」と一昔前のようには行かなくなっているようです。

第四十三句

相続税　負担を軽く　基礎控除

「相続税」と聞くと、「払えなくて先祖伝来の土地を手放す」といった話を想像する人もいるのではないでしょうか。一方で、「うちには関係ない」と考えている人も多いのではないかと思われます。

たしかに、遺産の内容によっては、のこされた家族が納税に苦労することもあり得ます。しかし、実際には、相続税が課税される人はそれほど多くないようです。

これは、相続税に「基礎控除」というものがあるからです。課税されるのは基礎控除を超えた部分だけなので、遺産の総額が基礎控除の金額以内に収まっていれば、相続税は一円もかからないわけです。

それでは、この基礎控除はいくらなのかというと、三〇〇〇万円に相続人の人数×六〇〇万円を足した金額となっています。ですから、相続人が妻と二人の子の計三名だったら、四八〇〇万円までは税金がかかりません。

この基礎控除額、平成二十六年十二月三十一日までは、五〇〇〇万円プラス相続人×一〇〇〇万円でした。先ほどの例であれば、八〇〇〇万円まで非課税だったわけですから、改正が大きな話題になるのも当然のことといえるでしょう。

相続税の基礎控除額

（計算式）

基礎控除額＝3,000万円＋（相続人の数×600万円）

相続人の数	1人	2人	3人	4人	5人
基礎控除額	3,600万円	4,200万円	4,800万円	5,400万円	6,000万円

第四十四句

相続税　夫婦で築いた　財までは

亡くなった人の配偶者、つまり、妻または夫は法定相続分が大きくなっていて、最低でも他の相続人と同額の、組み合わせによっては何倍もの遺産をもらう権利が発生します。

そして、この配偶者には、相続税についても他の相続人にはない特別の税額軽減制度が設けられております。簡単に説明すると、一億六〇〇〇万円と法定相続分相当額のどちらか多い額までは、相続税がかからなくなるようにできる仕組みです。

例えば、遺産の総額が二億円だった場合、相続人が妻と一人の子であれば、妻の法定相続分は半分の一億円ですが、一億六〇〇〇万円までは非課税にできます。また、相続人が同じく妻と子でも、遺産総額が五億円だった場合は、一億六〇〇〇万円よりも法定相続分のほうが多いですから、そちらを選択して二億五〇〇〇万円までを非課税とすることも可能です。

いずれの場合も基礎控除額は四二〇〇万円ですから、それに比べるとかなり優遇されています。このように、夫婦間の相続に関しては、国税もけっこう寛大なところがあるようです。

配偶者の税額軽減特例

- １億6,000万円又は法定相続分相当額のどちらか高い額まで非課税。

相続財産額	配偶者法定相続分	配偶者の税額軽減特例
2億円	1億円	1億6,000万円まで非課税
5億円	2億5,000円	2億5,000万円まで非課税

ただし、あくまでも配偶者だけに適用される制度ですので、先ほどの例で次に妻が亡くなれば、夫から受け継いだ多額の財産が妻の遺産となるわけで、それを相続する子に対しては、まともに相続税がかかってくることになります。

このあたりの調整が、難しいところなのです。

第四十五句

一次での　無知で痛い目　二次相続

最近、「二次相続」まで考えて「一次相続」をしましょう、という言葉を耳にすることがあります。この言葉いったい何を意味してるんでしょうか？

さて、ご両親が健在の場合、例えば、先に父親が亡くなったようなケースを考えてみますと、父親の死亡を原因にする相続を「一次相続」、その後、母親の死亡を原因にする相続を「二次相続」と言います。

一次相続において、「父さんの財産は、全て母さんが相続すれば良い」と簡単に決めてしまうケースがあります。子供からしたら、兄弟間の分割割合で揉めることもないですし、そもそも、一次相続の段階で二次相続の際の納税額まで考える方は少ないでしょう。

冒頭の文章は、相続税に関する事柄です。

二次相続の場合、相続税の配偶者税額軽減が利用できなくなります。そのうえ当然法定相続人も一人減るわけなので、相続税の基礎控除額も減額になります。

この辺りを考慮しますと、一次相続の分割割合によっては、一次相続及び二次相続トータルの納税額が増えてしまうことがあります。故に、一次相続はとりあえず、全額母が相続すればいい、といっ

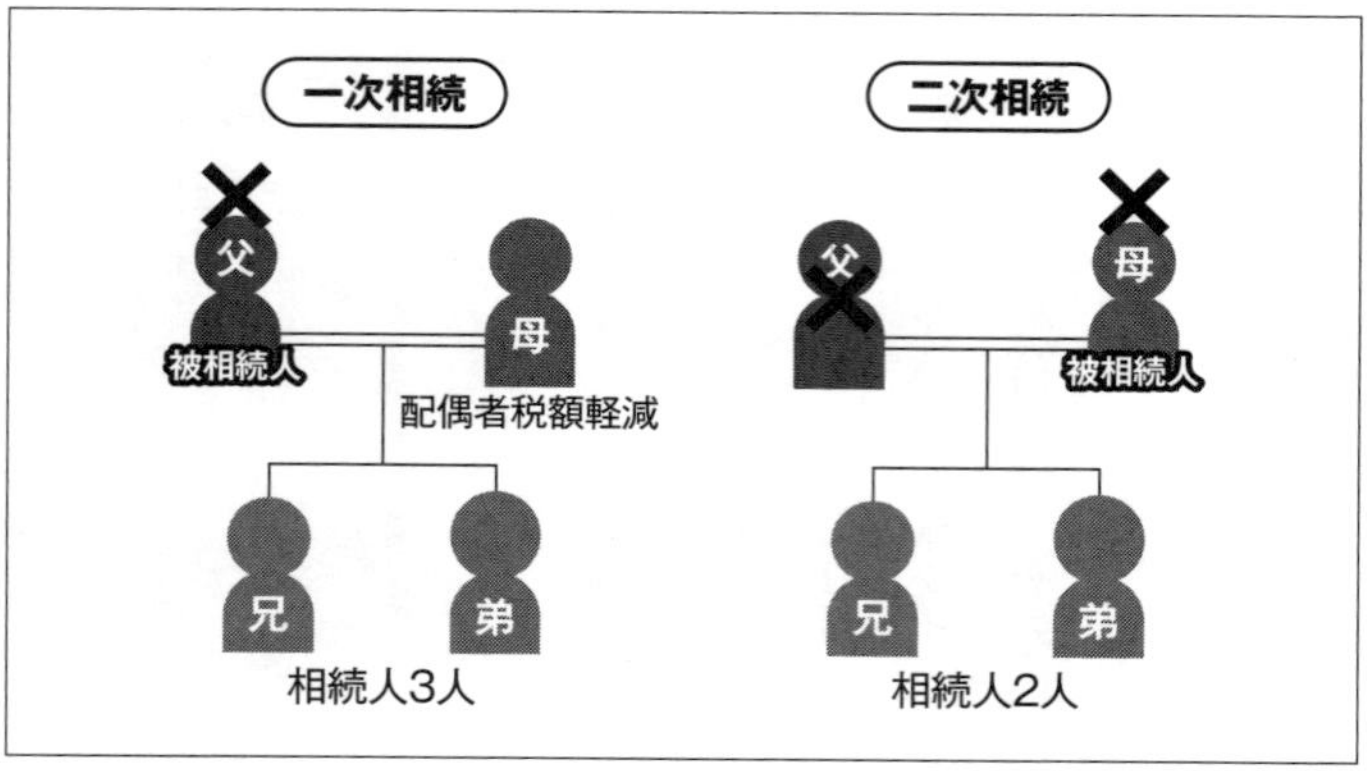

た安易な選択肢が必ずしも、税に関して最良の選択とはならない可能性も出てくるので、二次相続を考えた上で、賢く一次相続をしましょうという考え方のようです。

ただ誤解の無いように付け加えておきますが、一円でも多くお国に納税することは、非常に価値ある大切なことですので、あしからず。

第四十六句

親の土地　住めば減税　家なき子

「財産といっても自宅くらいで……」みたいな話をよく耳にします。もちろん、現金や預貯金も多少はあるのでしょうが、財産に占める不動産の割合が高い人が多いのも事実でしょう。

そういう人が亡くなった場合、「土地建物は自分名義にして、預貯金で相続税を納付」といった方法は難しくなるわけです。

基礎控除額が引き下げられたこともあり、「相続税が払えず家を失うかも……」と、そんな心配をしている方も少なくないと思われます。

ただ、国もこの点には配慮しているのか、「小規模宅地等の特例（特定居住用宅地等）」というものが用意されております。大まかに説明すると、亡くなった家族の住んでいた家に相続人が住み続けると相続税が減算される仕組みです。

具体的には、課税価格を計算するときに、一定の条件に当てはまる土地が八割引きで評価されます。ですから、評価額が一億円なら、課税の対象は二千万円となるわけです。そして、小規模といっても最大で約一〇〇坪までが対象となります。

このとき、配偶者でなく、子供などが相続するのであれば、亡くなった親の家に同居していたか、よそに家を借りて住

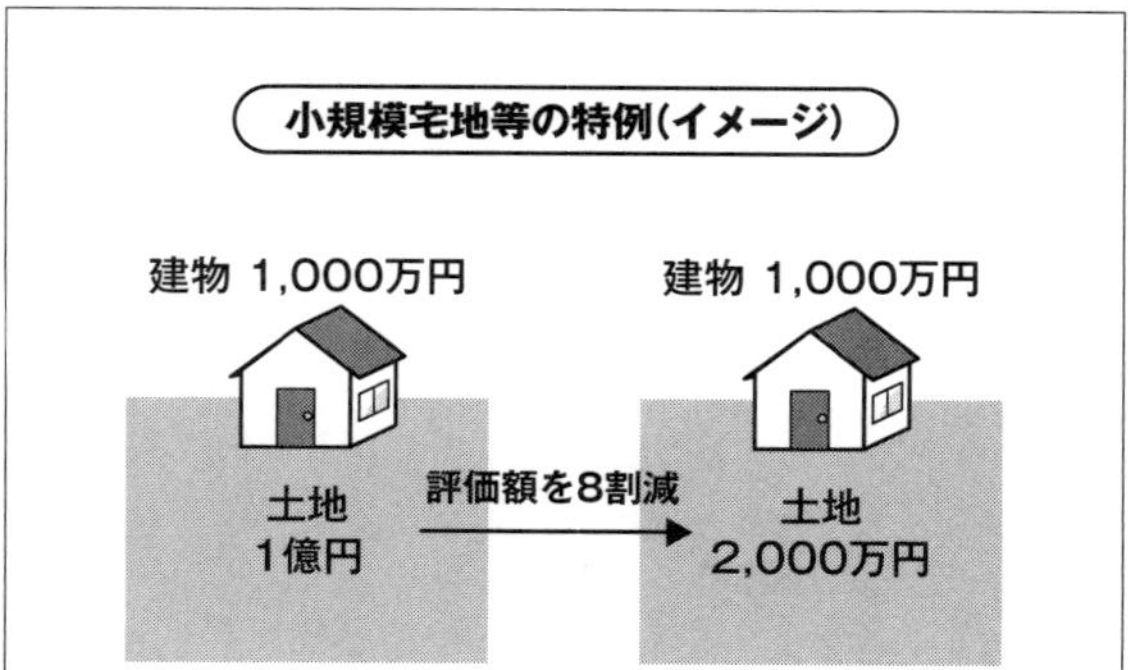

んでいたことが条件になります。つまり、自分（または配偶者）の家を持っていた場合は、特例が適用されないのです。

ちなみに、この特例には他にも細かい条件がありますので、適用を考えている方は、税務署などで相談してみるとよいでしょう。

第四十七句

退職金　生命保険に　非課税枠

自分にもしものことがあったときのために、家族を受取人にして生命保険に加入している人も多いのではないでしょうか。万が一の場合は保険会社からその家族に保険金が支払われ、受け取った人の財産となるわけです。

このとき、亡くなった人が支払っていた保険料に応じた保険金をもらうのであれば、実質的には相続と同じようなお金の流れになりますので、「みなし相続財産」ということで相続税がかかることもあります。ただ、あくまでも「みなし」ですので、原則的には遺産分割協議の対象とはなりません。

ちなみに、相続税がかかるのは、相続人の受け取った保険金の合計額から法定相続人の人数×五〇〇万円を引いた額です。基礎控除と同じように、非課税枠（非課税限度額）があります。

似たような制度は、死亡退職金にもあります。こちらも会社から遺族に支払われるものですが、やはり一定のものは「みなし相続財産」となります。

そして、死亡保険金と同じように、法定相続人の人数×五〇〇〇万円を超えた部分に相続税が課税されるわけです。

どちらについても、非課税枠を計算するときは、相続放棄をした人も相続人の数に含めます。ただ、非課税枠が適用されるのは相続人が受け取った場

死亡保険金（死亡退職金）の非課税枠

非課税額＝法定相続人の数×500万円

死亡保険金額	相続人の数	非課税額
5,000万円	計3人（妻1人、子2人）	1,500万円（3人×500万円）

合だけですので、放棄した人が死亡保険金や死亡退職金をもらうときは、すべてが課税の対象となります。

第四十八句

相続時　精算課税　子や孫へ

相続税を納めなくても済むように、生きているうちに財産を子どもにあげてしまおうと考える人もいるでしょう。ただ、年に一一〇万円以上の財産をもらった人には、贈与税がかかることになっています。そして、基本的には相続税よりも贈与税のほうが高くなりがちです。

これでは相続が発生するまで財産を動かしにくくなってしまいます。そこで、六〇歳以上の人が二〇歳以上の子や孫に贈与をする場合には、「相続時精算課税」という制度を選択することができるようになっております。

こちらを選択すると、二五〇〇万円まで非課税となり、それを超えた部分に贈与税がかかります。ただ、贈与した人が亡くなったときに、この制度を適用した後にもらった財産を相続財産に含めて相続税の計算をするので、単純な節税にはなりません。

ちなみに、すでに払った贈与税は、相続税額から差し引くことになっています。そして、納めていた贈与税のほうが多かった場合には、税金が還付されることになります。

財産をあげる人ごとに適用するかどうかを選べますので、両親から二

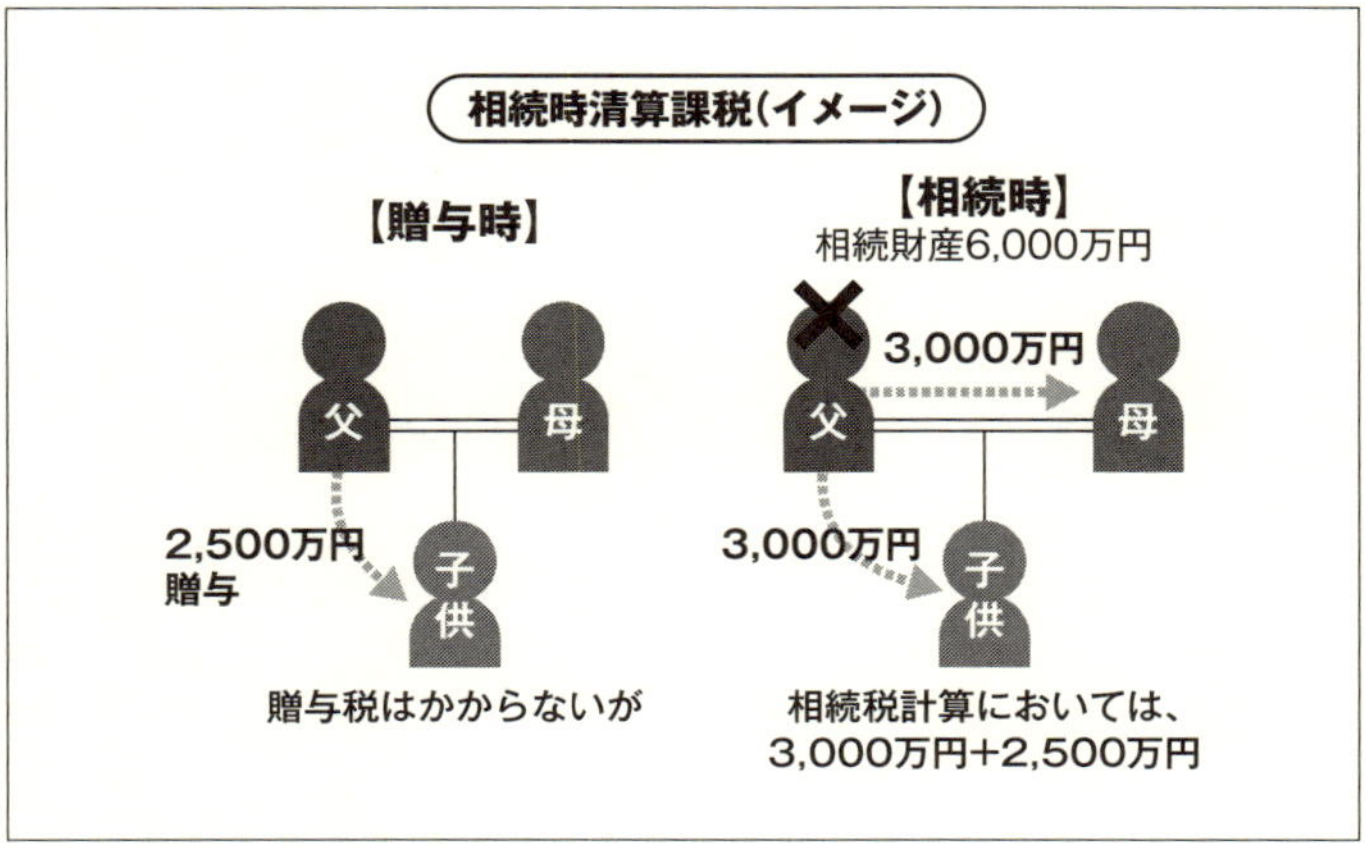

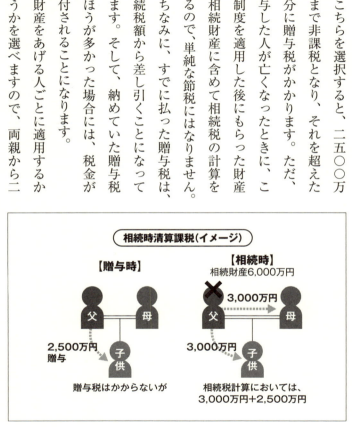

五〇〇万円ずつを非課税でもらうこともできます。そして、贈与する財産は金銭でなくても構いませんし、その使い途《みち》も自由です。

ただ、一度選択すると一一〇万円の暦年贈与には戻れませんので、そこは注意が必要です。ちなみに、選択した人以外からの贈与については、引き続き原則通り合計で年間一一〇万円まで非課税でもらえます。

第四十九句 特例は　協議が前提　相続税

相続税の負担を軽くすることにつながる、小規模宅地等の特例や配偶者の税額軽減などは、条件に当てはまるからといって、自動的に適用されるわけではありません。要件がそろっていることを証明する書類を付けて、税務署に申告しなければなりません。

亡くなった人の住んでいた家を誰が継ぐのか、配偶者の相続分はいくらなのか、そういったことがはっきりしないと、税金の計算もできません。そして、もちろん、申告した後で分割割合などを簡単に変えられたら困るわけです。

ですから、申告をするときには、有効な遺言書がなければ、原則的には遺産分割協議書が必要になってきます。つまり、遺産分割が終わっていなければ、特例を受けることができない仕組みなのです。

申告期限は通常の相続税申告と同じで、相続開始から十ヶ月です。そこまでに間に合わない場合は、一定の期間内であれば後から申告して特例を受けることもできるのですが、とりあえず十ヶ月の時点で相続税を納税しておかなければなりません。

相続税速算表

法定相続分に応ずる取得金額	税　率	控除額
1,000万円以下	10%	—
3,000万円以下	15%	50万円
5,000万円以下	20%	200万円
1億円以下	30%	700万円
2億円以下	40%	1,700万円
3億円以下	45%	2,700万円
6億円以下	50%	4,200万円
6億円超	55%	7,200万円

出典：国税庁ＨＰ

このときは、法定相続分で遺産を取得したものとして計算をしますので、特例を適用した場合に比べると、相続税の負担がかなり重くなってしまうこともあり得るわけです。

第五十句

相続で　苦労し遺言《いごん》を　残す気に

経験された方はおわかりになると思いますが、相続の手続きは何かと大変ですよね。

最初の難関は、戸籍の収集ではないでしょうか。亡くなった人が暮らしていた地域の市役所に行ってみたら、本籍地は別の市町村だったことがわかり、さらに転籍も何度かしていて……という展開はめずらしくありません。

また、戸籍をそろえて相続人の確定まではできたものの、遠方に住んでいる人がいて思うように話し合いを進められない、というような話もよく耳にします。相続人の中に海外在住者がいたら、それは手間がかかりそうなものです。

さらに、相続人全員で遺産の分け方はだいたい決めているのに、対象となる相続財産がはっきりしなくて困ってしまう、なんてこともあり得ます。遺産分割協議が終わった後に借金が出てきたら目も当てられないのですが、その反対に、相続開始から何年か経った後で、金融機関から「長年にわたって放置されている（被相続人名義の）口座があるのですが……」みたいな連絡を受けることもあるようです。

このあたりは、たとえ相続人が円満な関係にあっても、防ぎようがない問題です。それだけに、同じような苦労をされた人も少なくないでしょう。

苦労して手続きを進める中で「遺言があれば……」と痛感した方が、「自分のときは家族に苦労をかけないように」と遺言を残す気になるのは、自然な流れなのではないでしょうか。

第二章

遺言編

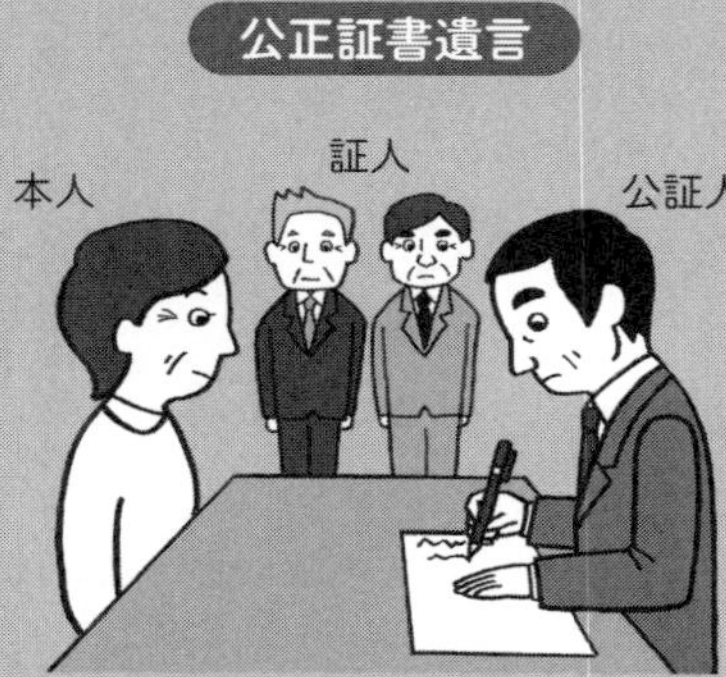
公正証書遺言
本人
証人
公証人

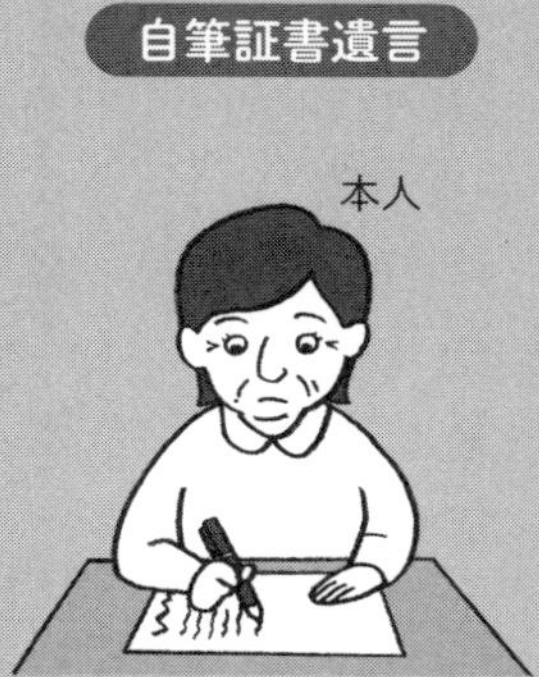
自筆証書遺言
本人

第五十一句

相続が　遺言《いごん》無い為　争族に

「争族」という言葉を目にする機会があるかと思います。明確な定義があるわけではないのですが、相続における親族同士の遺産分割をめぐる争いを意味した造語と考えてよいでしょう。

いざ相続が発生しますと、遺言書がない場合には、一般的に相続人全員が集まって遺産分割協議を行うこととなるわけですが、結局は財産の取り合いですので、まったく揉めないほうがレアケースなのかもしれません。表面的には揉めなくても後々、遺恨を残すケースも多いようですし。ただでさえ、親族間でお金の話をするのは嫌なものです。

また、いったん「争族」が始まってしまえば、相続人それぞれが疲弊するとともに、裁判にもつれ込めばそれ相応のコストもかさんできます。正直いいことはひとつもないように思えます。

そんなとき、遺言者の意思をしっかり書き記した一通の遺言書さえあれば、残された大切なご家族間での相続トラブルを未然に防ぐことができたのに……というケースは多いようです。

遺言書には、遺産分割割合を書き記す以外にも、遺言者の気持ちを書き記す「**付言事項**[*]」というものがあります。なぜこのような相続割合にしたのか、なぜ兄弟で相続分に差を付けたのか等々書き残すことで、相続人は亡くなった方のお気持ちを知ることができ、不要な親族間での争いを避けることにもつながるでしょう。

大切なご家族が、相続を原因に争うことのないよう、そろそろ遺言の準備をお考えになってみてはいかがでしょうか。

＊ 付言事項→六十五句へ

第五十二句

遺言書《いごんしょ》に　書いてもできない　事がある

最近「遺言書」への関心が高まっているように思います。ご自身の最後の意思を遺族に伝える為、もしくは残されたご遺族間での無用なトラブルを避けるために遺言書を残される方が増えてきました。

「遺言書には、何か書いてはいけない事柄ってあるのでしょうか」というご質問を頂いたことがあります。お答えとしては、「遺言書には、何を書いてもいいが、法的効力が生じる事項は法律で決まっています」ということになります。法的効力が生じる事項を「遺言事項」と言います。ここで遺言事項全てを列挙することは避けますが、代表的なものをいくつか見てみましょう。まずは、子供の**認知**[*1]や未成年後見人の指定など、身分に関する事があります。

次に、相続分の指定や遺産分割方法の指定、遺贈や寄付など、相続における財産処分に関する事があります。その他、**遺言執行者**[*2]の指定なども、遺言書に書いてあれば、当然に法的拘束力を生じる遺言事項ということになります。

逆に言うと、遺言事項以外のことを遺言書に残しても、それに関して遺族が法的に縛られることはありません。例えば、葬儀は盛大にやってくれと書かれていても、遺族が近親者のみの家族葬を選ぶ事も可能です。骨は太平洋に散骨してくれと書かれていても、遺族が先祖代々のお墓に納骨してしまえばそれまでです。

やはりこの辺りのご希望は、生前しっかりご家族と話し合っておく必要がありそうです。

＊1　認知→六十三句へ　＊2　遺言執行者→六十六句へ

第五十三句

普通遺言《いごん》　自筆に秘密　公正証書

本物の遺言書を見たことのある人は、まだまだ少ないかもしれません。でも、映画やテレビドラマの中で目にしたことなら、多くの人に経験があるのではないでしょうか。

遭難中の船に乗っている人などが書く**特別方式の遺言**[*1]を除くと、遺言には三つの方式がありまして、映画などでよく見る封筒に入った遺言書のことは「**自筆証書遺言**[*2]」といいます。これは文字通り本人が手書きで作成した遺言です。ちなみに、有効なものとなるにはいくつかの要件があるのですが、封筒に入っている必要はありません。

また、本人の意思を基にして法律の専門家である公証人が作成するものを「**公正証書遺言**」[*3]といいます。こちらは、公証人の他に二名の証人が立ち会って、その内容を確認することになります。

さらには、本人の遺言を記した証紙を公証役場に持っていき、公証人と二名の証人に遺言の存在だけを確認してもらって封筒に入れる、「秘密証書遺言」というものもあります。もっとも、こちらはあまり一般的ではなく、利用者も少ないようです。

遺産分割方法の指定や未成年後見人の指定など、遺言で実現できることはどの方式でも同じなのですが、作成の方法や遺言者の死亡後に必要な手続きには違いがありますので、どの方式を選ぶのかは慎重に検討したいものです。

＊1　特別方式の遺言→五十九句へ　＊2　自筆証書遺言→六十八句へ
＊3　公正証書遺言→七十六句へ

第五十四句

未成年　遺言《いごん》できます　十五から

遺言に関する本をよく見かけるようになってからしばらく経ちますが、現在でも、一般的には「遺言は年を取って死が迫ってから作るもの」というイメージが強いのではないでしょうか。

もちろん、若くて元気なうちでも遺言をすることはできます。では、何歳からできるのかというと、これは民法にきっちりと定められていて、ずばり十五歳からなんですね。ですから、十五歳以上であれば未成年でも遺言をすることができるわけです。

ところで、ヨーロッパの一部などでは、「大人なら遺言を書いていて当然」といった考え方もあるようですが、日本ではそのようなことはありません。文化の違いはもちろんあるのですが、原因はそれだけではないようです。

そもそも日本は戸籍制度がしっかりしていて、亡くなった後でも家族のつながりを把握できることから、遺言がなくても相続手続をなんとか進めることができるのです。このようなことから、遺言の必要性がそこまで高くないような一面もあるようです。

とはいえ、遺言があるとないとでは、相続手続の手間がけっこう違ってくるのも事実です。

なにしろ十五歳からできるのですから、「自分にはまだ早い」などと思わずに、元気なうちに遺言についていろいろ調べ、自分に必要だと感じたら積極的に活用するとよいのではないでしょうか。

第五十五句

夫婦での　共同遺言《いごん》　無効なり

「おしどり夫婦」という言葉があります。何をするにもいつでも一緒で仲睦まじい夫婦といったところでしょうか。家でも一緒、買い物にも旅行にも、どこでも一緒に出かけて趣味も一緒で……。まあ当然、最後は同じお墓に一緒に入る事になるのでしょう。

夫婦仲が良い。それはそれで結構なことなのですが、遺言だけは一緒にしないでくださいね。

民法には「遺言は、二人以上の者が同一の証書で行うことができない」と共同遺言の禁止が規定されています。共同遺言、すなわち一つの遺言書に夫婦連名で遺言を残すようなことは認められてはおりません。

そもそも、遺言の効力は遺言者の死後に発生しますので、二人以上の人間が連名で遺言を残してしまった場合、一人は亡くなっても一人は生きているとなると、その遺言の効力発生において問題が出てしまいます。

また、本来遺言は自由に書かれるべきものです。しかし二人で同じ遺言を残そうとした場合、どちらかの意見が制約を受けてしまう場合が多々あるでしょう。故に、どんなに仲が良い夫婦でも、それぞれが自らの意思で、別々に遺言を残す必要があります。

老後、「私達もそろそろ遺言書でも作成しておかないとねぇ」と夫婦で話し合い、不動産は長男に、預貯金は長女に……とひとつひとつ相談しながら決めていくこと自体はかまわないのですが、それを一枚の自筆証書遺言に一緒に記入し、最後に夫婦連名で署名押印、ということはしないで下さい。

第五十六句

新しい遺言《いごん》が優先　矛盾点

遺言は人生で一度だけしかできないものだと思っている人もいるようですが、実際のところ、遺言ができる回数には制限がありません。ですから、気が変わったときには自由に書き直すことができるのです。

ただ、そうなってくると、遺言者が亡くなったときに複数の遺言が存在することもあり得るわけです。

例えば、「一〇〇〇万円を長男に」と指定された公正証書遺言とは別に、「一〇〇〇万円を妻に」と指定された自筆証書遺言が出てくることも考えられます。

　このとき、遺産から二〇〇〇万円以上を用意できれば、それぞれに一〇〇〇万円を相続させることができるでしょう。しかし、遺産が二〇〇〇万円よりも少ない場合は、二つの遺言内容を同時に実現することができなくなってしまいます。このような場合はどうなるのでしょうか。

　実をいうと、これはけっこう単純な話で、とにかく「日付が新しいもの」が優先されます。ちなみに、遺言書の方式には優先順位がありません。例えば、公正証書遺言よりも新しい自筆証書遺言があったら、そちらが優先されることになります。

　以上のことから、遺言の全部または一部を撤回したい場合は、新しい遺言に「撤回する」とはっきり書くこともできますし、そうでなくても、古い遺言とは同時に実現できない内容を書けば、それだけで古い遺言を撤回したものと見なされるわけです。

第五十七句

遺言書《いごんしょ》に　書いた財産　処分可能

「遺言書を作ろうと考えてはいるが、これから財産が動く可能性もあるので……」というご相談を受けたことがあります。この方は、遺言書に記載したら、その財産には一切手を付けられなくなってしまうのでは、というお考えだったようです。

例えば、「土地建物を長男の一郎に相続させる」という遺言を残した場合でも、生前に有料老人ホームに入居するにあたって、土地建物を売却するケースもあるでしょう。

例えば、「○○銀行の定期預金を二男の次郎に相続させる」という遺言を残した場合でも、生前に出費がかさみ、定期預金を解約しなければならないケースもあるでしょうし、さらには「高価な壺を三男の三郎に相続させる」という遺言を残した場合でも、相続発生までにこの高価な壺が跡形もなく割れてしまうケースもあるでしょう。

遺言は、遺言者の死後初めて効力を発揮します。故に遺言者は、生存中遺言の義務に縛られることはありません。もう少し簡単に言えば、遺言者は、遺言書に記載した財産を生存中は自由に処分できます。遺言書の内容と異なった財産処分を行ったなら、その部分についての遺言を撤回したものとみなされます。それが遺言者の最終意思であるという考え方です。遺言は、遺言者の最終意思を尊重する制度なのです。

ただ、現実的に考えると、遺言書に書いた財産のほとんどを処分してしまった場合などは、遺言の内容がややこしくなってしまうため、新たな内容で遺言書を書き直しておくと、遺族も助かることでしょう。

第五十八句

分割の　禁止を遺言《いごん》で　死後五年

相続は、被相続人が死亡した時から開始されます。以後、被相続人の遺産を残された相続人等が引き継ぐことになるため、有効な遺言書がなければ、一般的には相続人が集まって**遺産分割協議***を行うことになります。

しかし、被相続人が自らの死後の一定期間、遺産を分割されたくないと考えていたとしたらどうでしょう？

例えば、子供はまだ高校生だから、遺産分割の意思決定をさせるにはふさわしくないと考え、子供が成人になるまでは待ちたいといった場合や、事業に使っている土地建物をすぐに分割されては、会社経営に支障をきたすため、一定期間は遺産分割を禁止したいといった場合。または、相続開始後直ちに分割を認めてしまうと、相続人の間で揉め事が生じる恐れがあるような場合等々、いろんなケースがあるかと思います。相続においては、できる限り被相続人のご意思を反映させたいものです。

このようなとき、遺言書の存在がとても重要です。遺言者は、遺言で死後五年以内の期間を定めて、遺産の全部又は一部について分割を禁止することができます。遺言者の意思表示による遺産分割の禁止は、生前は行えず、遺言でのみ指定することができます。残されたご家族のことを思い、一定期間の遺産分割禁止をお考えの際は必ず遺言書を残してください。

ただ、遺言による遺産分割の禁止があっても、一定の条件次第では、相続人全員の同意により遺産分割をすることができる場合があります。

＊ 遺産分割協議→二十七句へ

第五十九句

特別の遺言《いごん》半年のみ有効

自筆証書遺言・公正証書遺言・秘密証書遺言の三つは、普通方式の遺言といわれます。わざわざ「普通」というくらいですから、世の中には「特別」の方式による遺言というのもあるんですね。

特別の方式による遺言には、「死亡の危急に迫った者の遺言」「伝染病隔離者の遺言」「在船者の遺言」「船舶遭難者の遺言」の四つがあります。

大まかにいうと、「死が迫っている人」と「社会から隔絶されている人」のための特例です。

いずれの場合であっても、死の急迫や社会からの隔絶という状況が解消して、普通の方式で遺言ができるようになった時点から六ヶ月が経って遺言者が生きているときは、特別の方式で作った遺言はその効力を生じなくなります。

ですから、作った遺言の内容を実現したいのであれば、六ヶ月以内に普通の方式で作り直さなければなりません。

実際に特別方式の遺言をする人は少ないようですが、事故や病気でいきなり死亡の危急が迫る可能性はだれにでもあるでしょう。その際に特別方式の遺言をするのであれば、ものによっては三名以上の証人が立ち会わなければなりません。その他にも、普通方式の遺言とは異なる部分がありますので、ご注意ください。

第六十句

不安なら　予備的遺言《いごん》を　記載する

遺言の効力は、遺言書の作成時に発生するわけではなく、遺言者の死亡時に発生します。

遺言者が遺言書を作成してから、ご自身が亡くなって遺言の効力が発生するまでの間には、人によって異なるにしろ、数日から数十年といった月日が流れていくわけです。

この間には、遺言書に記された相続人が遺言者と同時に又は先に亡くなるといった可能性も十分考えられます。

例えば、土地建物を長年一緒に同居してくれた長男とその家族（長男の嫁及び孫）に相続させたいと思い、「長男に相続させる」旨の遺言を残したとします。しかし、長男が交通事故で遺言者より先に亡くなってしまったような場合には、孫（長男の子供）は、後の相続発生時に土地建物を相続する事ができるでしょうか？　長女や次男と揉めずにそのまま住み続けることができるでしょうか？

遺言者が、もしも長男になにかあっても、この家には孫や長男の嫁に住み続けて欲しいと願うのであれば、その「もしも」に備えて、遺言者の死亡以前に長男が死亡したときは、遺言者の有する土地建物を孫に相続させるといったように予備的に次の相続人等を指定しておく「予備的遺言」を一筆加えるとよいでしょう。

また、ご高齢の夫婦ともなると、正直、どちらが先にお亡くなりになってもおかしくないような状況も考えられます。もし遺言者の死亡以前に配偶者が死亡したときは……といった「予備的遺言」も考える必要がありそうです。

第六十一句

未だ見ぬ　子に財産を　遺す遺言《いごん》

被相続人に子供がいれば、その子は**第一順位の相続人***として親の遺産を引き継ぐことになります。その子が、成年であろうと未成年であろうと相続人になる事には変わりがありません。

では、その子が相続発生時（被相続人の死亡時）に、未だこの世に生まれてきていない胎児であった場合はどうでしょうか？　民法では、私権の享有は、出生に始まるという規定があるのですが、出生していない子は、果たして相続人としての地位を得ることができるのでしょうか？

結論から言えば、相続発生時において、母親のお腹にいる胎児は、その相続においては既に出生したものとみなされますので、無事生まれてくれば、第一順位の相続人となるわけです。

ただ、遺言書作成にあたっては、財産を遺す相手方を特定する必要があります。しかし、遺言書作成時には、その子はまだ生まれていませんので、生年月日も名前も決まっていませんし、性別すらわからないかもしれません。故に、遺言書で未だ見ぬ我が子へ相続させる旨を記載する際には注意が必要です。

まずは遺言書の中で、子を懐妊している母親を特定します。母親の特定は、名前と生年月日を記載することで行います。妻○○（昭和○年○月○日生）が懐妊している我が子として、遺言書に明記することで、財産を遺す相手方を特定します。その後、子が無事に出生すれば、相続人として遺産を引き継ぐ事ができるのです。

＊ 第一順位の相続人→五句へ

第六十二句

長男の　嫁に遺言《いごん》で　家のこす

相続人の範囲は法律できっちりと決められているので、心情的に割り切れない事例が出てきてしまうこともあります。

例えば、長男が父親より先に亡くなり、次男は父との折り合いが悪いため、長男の妻が長年にわたって義父の介護をしていたとします。この場合、法定相続人になるのは次男だけですので、他に家族がいなければ、義父の遺産は全て次男に相続されます。自宅が義父名義だった場合などは、この妻は家を失ってしまうかもしれません。

また、愛情の冷め切った本妻とは別居し、何十年にもわたって内縁の妻といたわり合いながら暮らしていた男性が亡くなった場合も、やはり内縁の妻は法定相続人ではないので、遺産はまったくもらえません。ですから、こちらの例でも、亡くなった人と関係の深かった内縁の妻が家を失ってしまうことになるわけです。

こんなときは、遺言があるとないとで、状況がだいぶ変わってきます。遺言であれば遺贈によって相続人以外にも財産をあげられますので、介護をしてくれた長男の妻や晩年を支えてくれた内縁の妻に家を残せるかもしれません。

もっとも、実子や本妻などの法定相続人には**遺留分**[*]がありますので、あまり極端なことはできないようになっています。

なにしろ、遺留分の解説に出てくる事例といえば、「愛人に全財産を遺贈する遺言が出てきたけれど……（妻子には遺留分がありますので）」みたいなものが多いですからね。

＊ 遺留分→十三句へ

第六十三句

事実婚　遺言で認知　お腹の子

昨今、結婚観の多様化から、婚姻届を出さないまま共同生活を営む、いわゆる「事実婚」を選ぶカップルが増加傾向にあるようです。ただし、我が国では、戸籍法の定める婚姻届を提出することで法律上の婚姻が認められますので、「事実婚」の場合は、法律上の婚姻とは認められません。故に、「事実婚」の夫婦間にある子供は、父親が認知していなければ、いくら実の子であったとしても法定相続人にはなりません。「事実婚」における子、いわゆる婚外子に財産を相続させるには、認知によって父親と子の親子関係を明らかにする必要があります。その子を認知するかしないかで、他の相続人の順位又は割合に関しても大きく影響が出てきてしまいます。

ところで「事実婚」状態の夫が遺言書を書く際、妻のお腹に胎児がいるケースではどうでしょうか？　認知はまだ生まれていない胎児に対しても行うことができる制度です。

胎児の認知に関しては、出生前に役所へ届け出る「胎児認知」という方法がある他、遺言によって認知を行う方法があります。

ただ遺言による認知を行う際に気を付けたいことがあります。それは、必ず**遺言執行者**[*]の選任を行うという事です。認知は役所へ届け出て初めて成立することから、その戸籍上の届出を行う人が必要になります。それを実際に行うのが遺言執行者なのです。

＊ 遺言執行者→六十六句へ

第六十四句

事業用　資産を遺言《いごん》で　後継者

会社経営者の相続というものは、一般の方の相続に比べてなかなか悩ましい問題がつきまといます。特にオーナー経営者の死後、その事業をめぐる相続トラブルで泥沼化、なんて話も少なくないですね。

ご自身が一代で築き上げた事業を、長男へ円滑に事業承継したいと望む経営者は多いかもしれません。そのような方は、事業経営に必要な不動産・動産、その他一切合切の財産を長男が相続するのは当然だろう、とお考えになるでしょう。

しかし、残された他の遺族はどうでしょうか？

自らが事業を引き継ぎたいと考える方もいるでしょう。事業は引き継がないが、財産は一人に偏ることなく、法定相続分通りに分割してもらわなければ困る、と考える方もいるかもしれません。

そうしますと最悪、会社の株式や自社ビル、その他不動産、営業権やのれん等々、会社経営に欠かせないものまで遺産分割の対象となってしまう可能性も出てきます。これではさすがにその後の事業経営に支障をきたしますし、オーナー経営者もこんなことは望んでいないでしょう。

すでに特定の子を後継者にすることが決まっているのであれば、会社の株式や事業経営に欠かせない資産を後継者に相続させる旨の遺言をしっかり残すことによって、円滑な事業承継を実現させられるかもしれません。ただしその際、他の相続人の遺留分にはくれぐれも注意することを忘れないでください。

第六十五句

遺言者《いごんしゃ》の　気持ちを残す　付言事項

「相続は揉めるもの」といったイメージを持たれる方は少なくありません。限られた相続財産の分け合い、時に奪い合い。そこに残された相続人それぞれのお気持ちが介在してくるわけですから、実際の遺産分割協議では、揉めるケースも多くなっております。

「私は、同居して親の介護をしたんだから」とか、「兄さんは父さんから多額の援助を受けただろ」とか、それぞれ言い分があるわけです。

そんな親族間での争い事を避けるために遺言書を残されるケースが増えて

います。遺言書に相続人それぞれの相続割合を書き記すとしても、その全てが法定相続分通りの相続割合を指定するわけではないですね。やはり遺言者としても、あの子には世話になったからとか、長男にはお墓の管理もお願いするからとか、まあ色々あるわけです。

遺言を残す際、そのような気持ちは、心にしまい込まず、しっかり遺言書に書き記してください。遺言書には財産の分配比率等だけでなく、遺言者が相続人へ残す最後の意思を書き記すことができます。これが「付言事項」です。

付言事項に法的効力はありませんが、遺言を残そうと思った理由や残された家族一人ひとりへの感謝の言葉、相続分に差をつけた理由など遺言者の最後の意思を書き記しておくことで、遺された相続人は、遺言者の意思を尊重し、無駄な親族間での相続争いを避けることにつながるかもしれません。

遺言書は、残された大切なご家族への最後のお手紙なのですから。

第六十六句

遺言書《いごんしょ》を　実現するのが　執行者

相続において、有効な遺言書がある場合、遺言者の最後の意思である遺言書の内容を実現する人間が必要になってきます。

遺言書の内容を実現するとは、例えば、銀行口座を解約して各相続人に分配したり、不動産や車などの名義変更手続を専門家に依頼して進めることなどをいいます。

いくら有効な遺言書があっても、誰かが動かなければ手続きは一歩も進みません。

これらの手続きですが、もちろん相続人であれば行うことができます。実際、相続人が粛々と進めるといったイメージを持たれる方が多いかもしれません。しかし相続財産ごとに相続人全員のハンコが必要になったり、そもそも相続人が複数いたりするとそれぞれの利害が対立し、なかなかハンコがもらえず手続きが前に進まないなどという話もよくあります。

こんなときは、遺言執行者が指定されていると便利です。

遺言執行者とは、その名の通り、遺言の中身を執行していく人のことですが、もう少ししっかり説明すると、民法では、遺言執行者は相続人の代理人とみなされているため、財産の管理その他遺言の執行に必要な一切の行為をする権利と義務を負うとされています。遺言執行者はあらかじめ遺言書で指定しておくこともできますし、遺言書で指定されていなければ、家庭裁判所に選任の申し立てを行うこともできます。

また、遺言による子の認知及び**相続人の廃除**[*]とその取り消しに関しては、遺言執行者の存在が不可欠ですので、覚えておいてください。

＊ 相続人の廃除→二十六句へ

第六十七句

執行に　かかる費用は　遺産から

遺言の内容を実現していく人、それが遺言執行者です。遺言執行者は、相続開始後、粛々と手続等を進めていくことになります。これには一定の期間と労力がかかります。

相続人の中の一人が遺言執行者に指定され又は選任されている場合ならまだしも、相続人以外の方が仕事として遺言執行者の受任をした場合には、当然それ相応の報酬が必要になるでしょう。このような場合、遺言の執行に要した費用は誰が負担すべきなのでしょうか？

民法には、「遺言の執行に関する費用は、相続財産の負担とする」という規定がございます。当然といえば当然かもしれませんが、遺言者の残した相続財産の中から支払われることになります。

さて、もう一つ気になるのが、その報酬額。この遺言執行にかかる報酬の額は、いったい誰が決めるべきものなのでしょうか？

この報酬額の決定方法は、遺言書に報酬額の記載がある場合とない場合で変わってきますのでそれぞれ見ていきましょう。

まず、遺言書にその報酬の額が記載されている場合です。遺言者が遺言書作成時に遺言執行者と合意した報酬額が記載されていれば、それに従うことになります。

次に、遺言書に報酬額が書かれていない場合、遺言執行者が相続人との協議のうえで報酬額を決めることになります。相続人との協議が整わないのであれば、最後は家庭裁判所の審判で報酬額を決めてもらうこととなります。

第六十八句

自筆遺言《いごん》　手書きに日付　署名と印

「遺言」と聞くと、「遺言書」や「遺言状」と記された封筒が頭に浮かぶ方も多いのではないでしょうか。そして、封筒の中には遺産の分け方などが達筆な文字で書かれた紙が入っている……というのが、一般的なイメージではないかと思われます。

遺言にはいくつかの方式があるのですが、映画などでよく見る封筒に入った遺言書のことを「自筆証書遺言」といい、民法で次のように定められています。

「自筆証書によって遺言をするには、遺言者が、その全文、日付及び氏名を自書し、これに印を押さなければならない。」

……これだけなんですね。あとは次の項に訂正の仕方が定められているだけです。封筒に入れる必要はなく、筆記用具や印鑑の指定もありません。ですから、特別な準備をしなくても、一般的な家庭にある道具だけで作成することができるのではないでしょうか。

こういった感じで、形式的にはさほど複雑ではないのですが、要件をきっちりそろえるのは意外と難しいのも事実です。ですから、自筆証書遺言をするのであれば、特別な道具などの準備ではなく、しっかりとした知識の準備が必要になってきます。

第六十九句

手軽だが　危険も多い　自筆遺言《いごん》

自筆証書遺言は手軽に作成できる反面、問題が出てくる危険性が高いのも事実です。

まず、形式的な面からみると、要件自体はそれほど複雑ではないのですが、知らないと思わぬところでそれを外してしまう可能性はあります。

例えば、今どきは手書きよりもパソコン入力を好む人もいますが、印刷された文字では、もちろん手書きとは認めてもらえません。それなら手書きで、ということで、文字のきれいな家族などに内容を伝えて書いてもらったとしたら、これもまた完全に無効でしょう。あくまでも、「自筆」でないといけないのです。

また、形式的には有効であっても、その内容から問題が出てきてしまうこともあります。法定相続分や不動産登記などに関するポイントを押さえておかないと、相続人の間にかえって混乱を招くことにもなりかねません。

さらには、形式も内容もきちんとしているものを作成したのに、相続人が遺言の存在に気づかなくて、その内容が実現されないこともあり得ます。四十九日が終わってからみんなで遺言を読んでみたら付言事項にお葬式の希望が書いてあった、という話もあるようです。

そのほか、貸金庫に保管されていた遺言を出そうとしたら、名義人が亡くなっているので相続人の一人だけでは開けられなかった、という話もよくあります。

これらのことから、安全性や確実性を考えると、自筆証書遺言には危うい面もあるんですね。

第七十句

自筆遺言《いごん》　使う筆には　縛りなく

一般的に遺言書と聞くと、自筆証書遺言をイメージされる方が多いかと思います。「あの紙とペンと印鑑だけあれば簡単に作れる遺言書ね」といった感じでしょうか。

この自筆証書遺言ですが、自筆というくらいですから、当然全文を自筆で書くわけですが、ここで使うペンや筆に決まりはあるのでしょうか?

昨今、筆記用具と言っても鉛筆、シャープペンシル、ボールペン、サインペン、マジック、万年筆、毛筆……と色々あります。

結論から言ってしまえば、自筆証書遺言の作成において、用いる筆記用具の種類に制限はありません。故に何を用いて書いても遺言書自体が無効となるわけではないのですが、改ざん防止や長期保存の観点から、特に避けたいものもあるわけです。鉛筆やシャープペンシルはその代表例でしょう。やはり簡単に消せますからね。消しゴムを使って消された場合もちろんですが、長期保存にも当然不向きです。

最近では消せるボールペンなども世に出回ってます。事務作業などには便利なため使用する方も多いですね。わざわざボールペンでも消せる方を選んで遺言書を書く方も少ないかと思いますが、普通のボールペンだと思って遺言書を書いたが、実はそれが消せるボールペンだったなんて間違いにも注意が必要かもしれません。

過去にはカーボン複写を用いて書いた自筆証書遺言が有効と認められた判例などもありますが、せっかくですからややこしいことはなるべく避けたほうがよいでしょう。

第七十一句

吉日と　書いて遺言《いごん》が　台無しに

自筆証書遺言の要件の一つに「日付」があります。これはもちろん、作成日のことです。べつに難しい話ではないのですが、気をつけないと、忘れてしまうこともあります。日付のない遺言は、まず無効になってしまうでしょう。

遺言によって名義変更などの手続きをするときには、遺言者はもうこの世にはいないのですから、日付がないと、いつの時点での意思なのかを特定できなくなってしまいます。日付によっては、「あのときはすでに認知症が進んでいて判断能力がなかったはずだ（だから、誰かが無理やり書かせたのだろう）」などといった話になる可能性もあるわけです。

そのようなこともあって、自筆証書遺言の日付は、「何年何月何日」なのかが、きちんとわかるように書かれていなければなりません。

ですから、「平成二十七年十一月吉日」などと書いてしまうと、十一月の何日なのかがわからないことから、無効と判断されてしまうわけです。状況によっては十一月の一日でも三十日でも内容が変わらないこともありそうですが、「吉日」と書いて無効になった有名な判例がありますので、同じ結果になる可能性が高いでしょう。

ちなみに、年号は西暦でも和暦でも問題ありませんし、日付などの数字は漢数字でも算用数字でも、好きなものを使って構いません。

第七十二句

印鑑は　認めで押せる　自筆遺言《いごん》

自筆証書遺言には、自分の氏名を手書きしたうえでハンコを押さなければなりません。つまり、署名捺印が必要なのです。ちなみに、署名については、ペンネームや雅号であっても、本人が特定できれば有効とされています。

そして、このときに押すハンコにはどんな条件があるのかというと、これがとくに決まりがあるわけではありません。

実印はもちろん、印鑑登録をしていない、いわゆる認め印でもよいとされています。また、朱肉が不要な浸透印といわれるスタンプ式のものであっても、それだけで無効になるわけではないようです。

とはいえ、やはり誰でも手に入れられて自由に押せるようなハンコを使ってしまうと、「本当に本人が押したものなのか？」という疑問を残し、相続人同士が揉める原因にもなってしまうかもしれません。

中途半端な自筆証書遺言のおかげで、かえって相続人が混乱してしまうような話をたまに聞くことがあるのも事実です。ですから、実印とまではいかなくても、それなりの印を押しておいたほうが無難なのではないでしょうか。

ちなみに、拇印が自筆証書遺言の押印として認められた判例もあるのですが、判例があるということは裁判があったという証拠ですから、やはり避けたほうがよいのかもしれません。

第七十三句

加除訂正　決まった方式　以外無効

遺言を残そうとする場合、一番手軽に作成できる方式として認識されているのが、自筆証書遺言ではないでしょうか。自筆証書遺言は、ご自身で紙に書き記していく方式です。紙とペンさえあれば作ることができ、作成費用は特にかかりません。何度でも気軽に書き直しが可能という点が最大のメリットかもしれません。

一方、自筆証書遺言の作成には、いくつかの決まり事がございます。これらの決まり事を守らず作られた自筆証書遺言は無効にされてしまうことがありますので注意が必要です。

たとえば、遺言書を書いている途中に、訂正したい部分や、削除したい箇所、加筆したい内容等が出てくることがあります。この加除訂正には、民法で決められた一定のルールがあります。このルールに則って加除訂正が行われていなければ、どんなに一生懸命書いた遺言書も無効になってしまう可能性が出てきます。もし遺言書が無効と判断されてしまったら、遺言者の最後の意思が反映されない相続となってしまうかもしれません。

故に、遺言を自筆証書で残そうとするならば、加除訂正の方法をしっかり理解したうえで、ルールに則って書き進めていきましょう。ただし、加除訂正の数があまりにも多くなってしまい、二重線や加筆、押印、署名だらけになってしまったときは、見栄えも悪いうえ、内容もわかりづらくなってしまうため、その遺言書自体を一から書き直したほうが良いかもしれません。

第七十四句

検認は　戸籍そろえて　家裁まで

亡くなった人が自筆証書遺言を書いていた場合、その遺言書をそのまま銀行や法務局に持っていったとしても、名義変更等はできません。自筆証書遺言の場合、まずは家庭裁判所で「検認」という手続きをしなければなりません。

家庭裁判所では、偽造や変造を防止するために、相続人の立ち会いのもとで遺言書を確認します。ただ、あくまでも存在と内容の確認だけなので、検認を受けたからといって、その遺言が有効になるとは限りません。例えば、日付のない遺言書でも検認の印は押されるのですが、明らかに自筆証書遺言の要件を満たしていませんから、それで相続手続を進めるのはかなり難しいでしょう。

それはともかく、遺言書を保管していた人や遺言書を発見した相続人が検認の請求をすると、家庭裁判所からすべての相続人に対して検認を行う日の通知がされます。都合が悪ければ不参加でも構わないのですが、連絡は全員にしなければならないため、亡くなった人の相続人を確定させる必要があります。

ですから、少なくとも、亡くなった人の出生から死亡までの戸籍謄本等と、相続人全員の戸籍謄本をそろえなければならないんですね。

また、家庭裁判所に請求をしてから検認の日まではだいたい数週間かかりますので、その間は相続手続が止まってしまうことになるわけです。

これに対して、**公正証書遺言***は検認の必要がないので、相続人の負担はだいぶ軽くなります。

＊ 公正証書遺言→七十六句へ

第七十五句

遺言書《ゆいごんしょ》　勝手に開封　過ち料

亡くなった人の自筆証書遺言については、まずは家庭裁判所で検認の手続きをしなければなりません。では、この検認をしないと、どうなるのでしょうか。

民法では、検認の請求をしなかった者に対して、「五万円以下の過料《かりょう》」という罰が定められています。「過料」というのは、「科料《かりょう》」や「罰金」とは異なり、刑罰ではありません。「あやまち料」と読んで「科料（とがりょう）」と区別することもあります。

遺言書を家庭裁判所へ提出しなかった人のほかに、過料を払わされる可能性のある人として、検認を経ないで遺言を執行した人と、家庭裁判所以外で遺言書を開封した人が挙げられています。

つまり、見つかった遺言が封筒に入っていたら、絶対にその場で開けてはいけないということです。

ただし、この決まりを知らずに遺言の入った封筒を開けてしまう人も結構いるようです。そして、開封したからといって、遺言が無効になるわけではありません。

だからといって、見つけた遺言を一人でこっそり開けてしまうと、ほかの相続人からあらぬ疑いをかけられることにもなりかねません。やはり中身の確認は検認の日まで我慢してください。

第七十六句

遺された　家族も助かる　公正証書

公正証書遺言は、その名のとおり公正証書による遺言です。法律では、本人が口伝えした趣旨を公証人がその場で記録して、本人と二名の証人に内容を確認させるように定められています。といっても、実際には、あらかじめ公証人と打ち合わせをしておき、当日は公証人が用意しておいてくれた証書を証人と一緒に読み聞かせてもらうのが一般的なようです。

いずれにせよ、法律の専門家である公証人が作成に関わるのですから、内容に不備のある遺言が作られる可能性はきわめて低くなります。また、公証役場では、原本を長期にわたって保管してくれますので、偽造はもちろん、紛失の心配も無用です。

そして、相続開始後に家庭裁判所での検認がいらないのは、この公正証書遺言だけとなります。検認不要につき戸籍の収集もかなり省略できるうえ、信頼性が高いので大抵の手続きは順調に進められます。ですから、公正証書遺言があると、相続人の負担が一気に軽くなるわけです。

筆記用具と認め印だけで作れる自筆証書遺言と比べると、公正証書遺言の作成には手間も費用もかかります。ですが、後々のことまで考えると、それだけの価値はあるのではないかと思われます。

公正証書遺言作成の手数料

目的の価額	手数料
100万円以下	5000円
100万円を超え200万円以下	7000円
200万円を超え500万円以下	11000円
500万円を超え1000万円以下	17000円
1000万円を超え3000万円以下	23000円
3000万円を超え5000万円以下	29000円
5000万円を超え1億円以下	43000円
1億円を超え3億円以下	4万3000円に5000万円までごとに1万3000円を加算
3億円を超え10億円以下	9万5000円に5000万円までごとに1万1000円を加算
10億円を超える場合	24万9000円に5000万円までごとに8000円を加算

公証人が、公正証書等を作成した場合の手数料は、政府が定めた「公証人手数料令」という政令により定められています。遺言公正証書の作成手数料は、遺言により相続させ又は遺贈する財産の価額を目的価額として計算します。遺言は、相続人・受遺者ごとに別個の法律行為になります。数人に対する贈与契約が1通の公正証書に記載された場合と同じ扱いです。したがって、各相続人・各受遺者ごとに、相続させ又は遺贈する財産の価額により目的価額を算出し、それぞれの手数料を算定し、その合計額がその証書の手数料の額となります。ただし、手数料令19条は、遺言加算という特別の手数料を定めており、1通の遺言公正証書における目的価額の合計額が1億円までの場合は、1万1000円を加算すると規定となります。

遺言者が病気等で公証役場に出向くことができない場合には、公証人が出張して遺言公正証書を作成しますが、この場合の手数料は、遺言加算を除いた目的価額による手数料額の1.5倍が基本手数料となり、これに、遺言加算手数料を加えます。この他に、旅費(実費)、日当(1日2万円、4時間まで1万円)が必要になります。作成された遺言公正証書の原本は、公証人が保管しますが、保管のための手数料は不要です。

出典:日本公証人連合会HP

第七十七句　保存期間　公正証書は　二十年

公正証書遺言を作成した場合には、公証役場にてその原本が保管されます。「原本保管の期間はどれくらいですか？」というご質問をよく頂きます。公証人法施行規則には、公正証書の原本保管期間は、原則二〇年間と規定されています。そうしますと、六五歳で公正証書遺言を作った場合は八五歳までしか原本保管がされないということになります。遺言は、遺言者の死亡時に初めて効力を生じるわけですから、遺言者のご存命中に保管期間が満了してしまっては困りますね。

故に、公証人法施行規則には、「保存期間の満了した後でも特別の事由により保存の必要があるときは、その事由のある間保存しなければならない」という規定もあるのです。

公正証書遺言はまさしくこれにあたりますので、少なくとも遺言者のご存命中は保存されることになっています。具体的な保管期間については、各公証役場で取り扱いが異なるようですが、概ね遺言者が一二〇歳になるまでは保管する事になっているようです。この年齢につきましては、日本人の最高年齢の方の年齢をおおまかな基準としているようです。

また昨今、東日本大震災のような大災害に備えて、公正証書遺言については、作成時に原本と電磁的記録とを二重に保存しておく、原本の二重保存制度が構築されました。

このあたりを考慮しますと、やはり自筆証書遺言よりも多少費用がかかっても、公正証書で遺言を残す意味がご理解して頂けるのではないでしょうか。

第七十八句

準備して　公正証書で　遺言《いごん》する

遺言公正証書は、公証役場にて公証人が作成しますが、何の準備もなく、手数料だけ持って公証役場に行けば、その場で作ってくれるというものではありません。どんな書類を準備しておけばいいのか？　一部代表的なものを見ていきましょう。

まずは、遺言者の戸籍謄本が必要になります。この戸籍謄本は法定相続人との関係がわかるものが必要ですので、場合によっては除籍謄本や**改正原戸籍謄本***等も収集する必要があります。

＊ 改正原戸籍謄本→三十四句へ

また、遺言者の実印と印鑑登録証明書が必要です。印鑑登録証明書に関しては発行日から三ヶ月以内のものが有効ですので、取得時期にはお気を付けください。

次に、財産関係の資料で代表的なものといえば、預貯金と不動産に関するものですね。預貯金に関しては各金融機関の通帳の写しを用意しておけばよいので、それほど手間ではありません。不動産の場合、不動産登記事項証明書は必須です。不動産登記事項証明書を法務局で請求する際には、土地の地番や建物の家屋番号が必要になります。住居表示（住所）とは異なりますので、事前に登記済証（いわゆる権利証）や固定資産税の納税通知書等で確認しましょう。

やはり公的な書類を作る以上、これら確認資料の収集は必須なのですが、なかなか全てを一人で行うのもしんどいかもしれません。そのような時は、専門家にサポートを依頼するのも一つの方法です。めんどうな資料収集や公証人との打合せ等、遺言者の負担軽減に繋がるかもしれません。

公正証書遺言作成の流れ

起　案　誰に何を相続させるかを考える

- 財産を誰にどう分けるかを考えます。
- この時点では大まかな案で構いません。
- 遺留分に注意しましょう。

調査1　相続人を調べて確定する

- 戸籍謄本等を収集します。
- 相続人以外の受遺者は住民票等で特定します。
- 相続人関係説明図を作りましょう。

調査2　財産を調べて確定する

- 不動産の情報を法務局や市役所等で収集します。
- 預貯金等は通帳のコピーを用意します。
- 財産目録を作りましょう。

調　整　公証人へ遺言案を提出して問題点を修正する

- 資料を添えて遺言案を公証人へ提出します。
- 法的な不備があれば公証人が指摘してくれます。

作成当日　公証役場にて遺言公正証書を作成する

- 公証人が読み上げる内容を確認して実印を押します。
- 完成後、公証役場に手数料を納めます。
- 事前に2名の証人を手配する必要があります。

保　管　正本と謄本を手元で保管する

- 原本は公証役場で保管されます。

第七十九句

遺言《ゆいごん》の　証人できず　相続人

公正証書遺言を作成するときには証人二名の立ち会いが必要になるのですが、この証人には、欠格事由というのも定められております。

まずは未成年者。これは判断能力の問題でしょうか。未成年者と同じ「制限行為能力者」である**成年被後見人***などについてはとくに決まりがありませんが、後から問題になる可能性は高そうです。

次に、推定相続人や受遺者といった、遺言者から遺産をもらう人。そして、その人に近い親族も挙げられています。遺言をするときに同席している人が、遺言の内容に影響を与えてしまうかもしれないからです。

さらに、公証人の親族や書記なども挙げられているのですが、このあたりが問題になることはまずないでしょう。

やはり気をつけなければならないのは、自分に近い親族でしょうか。家族と話し合って遺言の内容を決めるのは自由なのですが、実際に遺言をするときには、家族は席を外すのが原則なのです。

証人は遺言の内容を知ることになるわけですから、知人に頼むのは難しいと考える人も多いでしょう。だからといって、素性のわからない人に頼むわけにもいきません。そういった事情があるため、遺言の作成をお手伝いした弁護士や行政書士などの専門家が、証人まで務めることが多くなるわけです。

＊ 成年被後見人→八十三句へ

第八十句

遺言《ゆいごん》で　自分も家族も　安心し

遺言が効果を発揮するのは作った人が亡くなった後ですから、作っているときに楽しい気分になる人はほとんどいないでしょう。ただ、遺言を用意することによって、気持ちが楽になることはあるようです。

例えば、妻子のいない高齢男性が亡くなった場合、相続人は兄弟になることが考えられますが、兄弟全員の存在を漏れなく証明するためには親の出生までさかのぼって戸籍を収集する必要がありますので、相続人の負担は結構なものとなります。

ここで先に亡くなっている兄弟がいたら、その子供であるおい・めいも登場してくることになり、海外在住の人などいるようであれば、それはもう、大変なことになるわけです。

また、高齢で一人暮らしをしている兄弟の財産を把握している人は少数派でしょうから、たいていの場合は残された家を片付けながら通帳を探したり、役所に行って不動産の名寄せをしたりすることになります。

もちろん、妻子がいたとしても遺産分割を含む相続の手続きはそれなりに大変です。ですから、「自分にもしものことがあったら……」と悩むのは自然なことといえるでしょう。ただ、ここで挙げた問題の多くは、公正証書遺言があると、驚くほどあっさり解決してしまうこともあるのです。

公証役場で完成した遺言を渡されたときに、多くの方が安心した表情をされるのは、そんな事情もあるからなのではないでしょうか。

第二章

成年後見編

第八十一句

青年の 貢献ではない 成年後見

「成年後見をご存じですか？」といった質問に「ボランティアかなにか」と答えた方がいらっしゃいました。この方の頭の中では「せいねんこうけん」を「青年・貢献」と変換されたのでしょう。若者が社会貢献をする姿が浮かんだのかもしれませんね。そういうケースもあるかもしれませんので、あながち間違いとは言いきれません。

昨今、成年後見という言葉を世間でも耳にする機会が増えました。言葉くらいは聞いたことあるけど詳細まではわからないという方も多いかと思います。

また、成年後見制度は成人の知的障害者に対する制度で、高齢者には関係ないものと勘違いされている方もちらほらお見受けします。成年後見制度は知的障害者はもちろん、その他精神障害で判断能力が欠けている方や認知症を患い判断能力が衰えた高齢者等も対象となる制度です。

特に高齢化が進む我が国において、認知症高齢者数は右肩上がりに伸びています。現在四百万人以上いるといわれていますが、そのうち成年後見制度利用者は一割にも満たない数字です。制度自体の認知度があまり高くない事が要因のひとつと言えます。

認知症等で判断能力（事理を弁識する能力）が欠けてきた、もしくは失ってしまった方に対して、財産管理や身上監護の面でサポートする制度である成年後見制度、ご自身のもしもの為に、もしくはご家族のもしもの為に、言葉と概要くらいは覚えておく必要があります。

第八十二句

法定と　任意で異なる　成年後見

誰でも歳を重ねるごとに物忘れが多くなってきたなと感じることがあるかもしれません。これが年々ひどくなり、次第に物事を判断する能力が衰えて、ある日突然、認知症と言われるような状態になってしまったら、ご自身の財産や年金をしっかり管理できるでしょうか？　介護が必要になった際、ご自身で要介護認定の申請や介護事業者との契約を結べるでしょうか？　なかなか難しいかもしれません。そんな時に大変役に立つのが成年後見制度です。判断能力が衰えた方の財産管理と身上監護を成年後見人等（以下、後見人）

がサポートしてくれます。

この成年後見制度には、法定後見と任意後見の二種類があります。

簡単に説明すると、前者は既に判断能力が衰えたり失われた方が対象です。認知症等に陥り、すぐにでもサポートが必要な方に対して、親族等が家庭裁判所へ後見人の選任を申し立てることにより行います。

それに対して、後者は当事者間の契約によって、自らが元気なうちに将来サポートしてくれる**任意後見人***や代理権の内容を選んでおく制度です。後々、認知症になってしまった場合には事前に自分で結んだ契約によって自らが選んだ任意後見人がサポートしてくれる仕組みになっております。ちなみに、任意後見契約の締結は、公正証書により行わなければならないことになっています。

自分をサポートしてくれる後見人を自分で選べるか否かが、法定後見と任意後見の大きな違いといえます。

＊ 任意後見人→八十七句へ

第八十三句　後見と　保佐と補助ある　法定後見

「法定後見制度」は、既に認知症を発症し、判断能力が不十分な方が対象です。

ただ、一口に認知症と言っても、症状は人それぞれです。判断能力が不十分といっても、その不十分の程度にも差があることでしょう。完全に物事を判断する能力を失っているのでは、という方もいれば、中には話していて、この人、一見とてもしっかりしているように見えるけど本当に認知症なのかしら？と疑いたくなるような方もいるかもしれません。

財産管理や身上監護の面から支援する制度が、成年後見制度ですが、支援される側の能力ごとにサポートする側の支援範囲も変わるのか否かを少し見ていきましょう。

法定後見制度において、その対象者（成年被後見人等）の判断能力の程度により、サポートの程度が三類型（成年後見・保佐・補助）用意されています。

三類型を簡単に説明してみますと、まず、判断能力を欠く常況の人は「成年後見」類型です。日常的な買い物ですら一人では不安がある方です。次に、判断能力が著しく不十分な人は「保佐」類型となります。日常的な買い物はできても、重要な財産行為は一人ではできない方です。最後に、判断能力が不十分な人は「補助」類型です。重要な財産行為ができるかできないか危惧があるためサポートが必要な方です。なかなか分かりづらいですね。

成年後見制度には、本人の自己決定権の尊重と現有能力の活用という大前提がありますので、一律ではなく、能力ごと・類型ごとにサポートする側の支援範囲と権限も変わってくるということです。

第八十四句

後見人　家裁が決めて　就任す

成年後見制度において、成年後見人や保佐人・補助人といった、いわゆる成年後見人等（以下、後見人）にはどんな人がなれるのでしょうか？　まだまだ認知度が高いと言えない制度だけに、正しく理解されていない方も多いかと思います。

さて、判断能力が衰えた方をサポートする制度である「成年後見制度」において、後見人は、人様の財産管理や身上監護を行う事になるわけであり、「さすがに誰でもなれるってことはないだろ」とお考えになる方が多いです。

「ちゃんとした国家資格を持った人間、例えば弁護士とかしかなれないと思うよ」と言った声も耳にしたことがあります。

結論から言うと、後見人になるのに特別な資格は必要ありません。ご家族はもちろん、友人知人、見知らぬ第三者でも後見人になる事は可能なのです。第三者の中には、弁護士や司法書士、行政書士や社会保険労務士、市民後見人等も含まれます。

ただし、特別な資格はいりませんということと、誰でもいいということは、少し違います。後見人は非常に社会的責任が重い役割を担うわけですので、誰でもなりたければなれるということではありません。

その人が後見人になるにふさわしい人かどうか判断する必要があります。その判断を行うのが、家庭裁判所です。成年被後見人に一番近い存在であるご家族といえども、家庭裁判所が適格と認めなければ後見人に就任することはできないのです。

第八十五句

実際の　介護はしません　後見人

成年後見人等（以下、後見人）のお仕事は、成年被後見人の財産管理と身上監護です。

財産管理は読んで字のごとく、お金や不動産等、成年被後見人が所有する財産の管理なので分かりやすいでしょう。

身上監護とは何か？　この辺り、少し勘違いが多い内容ですので、改めて確認していきたいと思います。

日常生活の維持に関する事、医療に関する事、介護に関する事等が身上監護と言われています。しかし、医療に関する事といっても、後見人はお医者さんではないので、診察や手術など実際の医療行為は当然できません。例えば、成年被後見人のかかりつけ医に対する往診の依頼や、訪問看護サービス事業者との契約及びサービス依頼などが後見人のお仕事となります。

また、介護に関する事も勘違いされる方が多いのです。後見人が入浴の介助や食事の支度、おむつの交換など実際の介護そのものをしてくれると思っている方もいるようですが、そうではありません。実際の介護を行うのは介護事業者さんであり、そこに勤務するヘルパーさんです。後見人が行う介護に関する事とは、訪問介護や訪問入浴、デイサービスなどの介護事業者さんと契約をすることであり、その前段階となる、市町村に対する介護保険の要介護申請やケアプランを作るケアマネさんとの打合せなども後見人が行う身上監護のひとつです。

少し堅い言い方になりますが、後見人が行うのは、契約や手続等の法律行為であって、実際の介護等の事実行為は行わないということです。

第八十六句

認知症　分割協議に　後見人

認知症などによって成年被後見人となると、契約事に関して一人で有効に行えるのは日用品の買い物くらいに限られてしまいます。ですから、預貯金を下ろしたり施設の入所手続をしたりするときには、成年後見人の同意や代理が必要になります。

もちろん、**遺産分割協議**[*1]を行うときにも、成年後見人が代理することになるんですね。そして、原則としては、成年後見人は被後見人の法定相続分を主張します。

ただし、親族が成年後見人になっている場合には注意が必要です。例えば、夫が亡くなり、妻と子が遺産を分割するときに、子が母親の成年後見人になっていたとしたら、実質的には、子が一人で分割案を考えることになってしまいます。

自分の分を多くしたら母の分が少なくなる……つまり、利益相反の関係になってしまいます。

このような場合、家庭裁判所に申し立てて母のために特別代理人を選任してもらいます。また、**成年後見監督人**[*2]がいれば、その人が母の代理をすることになります。

認知症であってもまだ成年後見人がついていなければ、代理人なしで手続きを進められないこともありません。ですが、後からトラブルに発展する心配はあります。そのため、遺産分割協議をきっかけに成年後見の申し立てをする人もいるようです。

＊1　遺産分割協議→二十七句へ　＊2　成年後見監督人→八十九句へ

第八十七句

任意なら　自分で選べる　後見人

自身をサポートしてくれる後見人を自分で選べるか否かという点が、任意後見と法定後見の大きな違いです。法定後見の場合、申し立てをする際、既に判断能力が衰えてしまっていることが前提となりますので、残念ながら、ご自身で成年後見人等（以下、後見人）を選ぶことはできません。

ご自身の大切な財産管理や生活上の契約をお願いするわけですから、ご自身で選んだ信頼できる方に後見人になってもらいたいという方も多いのではないでしょうか。これを実現できるのが任意後見制度です。

任意後見制度は、本人が、将来もし自分が認知症等になってしまった際、自身をサポートしてくれる任意後見受任者を事前に選び、公正証書にて契約を結んでおきます。その後、本人がお亡くなりになるまで判断能力がしっかりしていれば、任意後見制度のお世話になることはありませんが、もし認知症に陥り、判断能力が衰えてしまった場合には、任意後見制度を発動させ、事前に契約によってお願いしていた任意後見人がサポートを行ってくれます。その際、任意後見人を監督する任意後見監督人を家庭裁判所が選任します。

任意後見制度は、元気なうちに契約を結びますが、実際にサポートを受けるのは、しばらく経って判断能力が衰えた段階ですので、契約と制度利用にタイムラグが生じます。故に、任意後見受任者が、ご本人と定期的にお会いして判断能力の現状確認をする委任契約、俗に言う「見守り契約」を任意後見契約と同時に締結する事が多いのです。

第八十八句

認知症　医師二人みて　遺言《いごん》する

成年後見人は本人を代理して介護事業者との契約を結ぶことなどもできますが、さすがに遺言の作成まで代理することはできません。

ただ、認知症が原因で成年被後見人となっている人などは、一時的に判断能力が回復することもあり得ます。そのようなときに医師二人が立ち会って判断能力があることを証明すれば、遺言をすることができないわけではありません。

ちなみに、認知症でも成年被後見人になっていない人、つまり、成年後見の申し立てがされていない人については、医師二人の立ち会いは必要とされていません。とはいえ、認知症の人がした遺言に関する裁判の例は豊富にありますので、それだけもめる可能性が高いのも事実です。

また、たとえ判断能力が一時的に回復していたとしても、成年後見人（とその配偶者や直系卑属）の利益になるような遺言は、無効とされてしまうのです。

本人のために財産管理をする成年後見人に対して、必要以上に本人の財産を与えるような行為はよろしくない、ということでしょうか。

成年後見人に対してお礼をしたい気持ちもわからなくはないのですが、仕事内容や本人の財産状況を考慮して家庭裁判所が適正な報酬額を決めていますので、そこは納得してもらいたいところです。

ちなみに、本人の配偶者や子などが成年後見人である場合は、その人たちは相続人にもなり得ますので、**遺贈**[*]をしてもよいとされています。

＊ 遺贈→十一句へ

第八十九句

後見の　信頼強める　監督人

成年後見人は成年被後見人の財産を管理しつつ契約の代理なども行います。ですから、生活費をはじめとした各種の支払いを行うために、成年被後見人の預貯金通帳を預かるような形になります。

もちろん、口座に入っているのは被後見人のお金ですから、そのお金で成年後見人が自分の買い物などをしてよいはずがありません。でも、残念ながら成年後見人が成年被後見人の財産を使い込んでしまうような事件はめずらしくないのです。

また、成年被後見人の住んでいた家を後見人が買い受ける場合などは、金額をはじめとした条件を成年後見人が実質的に一人で決めるようなことになってしまいますから、そのまま話を進めるのは問題があるでしょう。

そのようなわけで、通常よりも成年後見人に対する監督を強める必要があると家庭裁判所が判断したときや、成年後見人だけでは業務を行えなくなってしまったときなどに、成年後見監督人が選任されることがあります。

ちなみに、保佐や補助で同じような状況が起こった場合は、それぞれ保佐監督人と補助監督人が選任されます。

そして、任意後見制度にも任意後見監督人という人が登場するのですが、こちらは成年後見監督人などとは異なり、必ず選任されるようになっています。任意後見監督人が選任されて初めて、代理権を活用できるようになる仕組みなのです。

第九十句

制度理念　理解し活用　成年後見

物事の判断能力が不十分な人を「保護」する制度、それが「成年後見制度」です。故に、成年後見人は、【本人保護の理念】のもと、財産管理や身上監護を行います。

ただし、本人保護のみに偏った考え方ですと、非常に硬直的な制度になりかねません。時には成年被後見人の権利侵害になってしまうケースも考えられます。成年後見制度には【本人保護の理念】以外に三つの大切な理念があります。「制度理念」を知ることで、サポートする側、される側双方の制度に関する理解が深まることでしょう。

まず、一つ目は、【自己決定権の尊重】です。その方が望む暮らしを送ることができるように、サポートする側がその方の意見を尊重して支援していくという意味です。

二つ目は、【現有（残存）能力の活用】です。判断能力が衰退していても、未だその方の持っている能力を最大限に活かし、その人らしい生活を送らせてあげることができるような支援を心がけるという意味です。

三つ目は、【ノーマライゼーション】です。障害の有無にかかわらず、差別されることなく地域において普通の生活が送れるように支援していくという意味です。

これら三つの理念と【本人保護の理念】をうまく調和させ、成年被後見人のサポートをしていくことが、この制度に関わるうえで非常に大事なことだと言われています。成年被後見人の希望や能力を活かしつつ普通の生活が送れるよう支援していくことが大切なのです。

第四章

終活編

第九十一句

エンディングノートは遺言と似て非なり

昨今「エンディングノート」という言葉をよく耳にするかと思います。書店に行けば多くの出版社からさまざまなタイプのエンディングノートが販売されています。

一般的にエンディングノートには、自らの個人情報や財産の情報、老後の介護や医療についての希望、死後の葬儀やお墓についての希望等々を書き記していくことになります。記載内容が遺言書と似通っているが故に、世間では、エンディングノートと遺言書を混同してしまっている方をちらほらお見かけしますが、いくら事細かく丁寧にエンディングノートを書いたとしても、実際には、遺言書のような法的効力はないのです。

「私は、死後の遺産分割についてエンディングノートにしっかり書いたからもう安心」と思っている方もいらっしゃいますが、いざ相続が発生した際には、相続人はエンディングノートに書かれた内容には縛られることはありません。また、各種行政機関及び金融機関での変更手続等に際して、添付書類としてエンディングノートを提出したとしても残念ながら役には立ちません。やはり、公証役場で作成した公正証書遺言又は家庭裁判所の**検認**[*]を受けた自筆証書遺言と同じような役割は期待できないのです。

ただし、だからといってエンディングノートなんて書いても意味がないというわけではありません。後の遺言書作成時に下書きとして役立つことや、書面に心配事や悩み事を書き記すことで、心の整理に役立つことなどを考えると、エンディングノートの作成は、終活を始めるきっかけとして、とても意味があることかもしれません。

＊ 検認→七十四句へ

第九十二句

財産の　目録作って　頭を整理

財産目録、非常に堅い言葉です。財産目録なんて莫大な財産を所有してる資産家が作るもので、一般人には関係ないと考える方もいるかもしれません。「家と少しの預貯金だけで、それほど財産のない自分なんかに関係ない」なんて言葉もちらほら聞こえてきます。

しかし財産目録は、それほど堅苦しいものでもないのです。立派な紙を用意する必要もなく、いつも使っているメモ用紙に書いたものでも、ご自身の所有する財産の内容が一覧になっていれば、それが財産目録です。

さて、ご自身の財産ですから、ご自身の頭の中にはある程度は整理されていることと思います。ただし、預貯金が多数の銀行に分散されていたり、不動産・株・債権等を複数所有していたりすると、思い出すのに一苦労という場合もあるかと思います。一度、現状の財産をしっかり整理し、紙に書き出してみることで、ご自身の頭の中をすっきり整理してみてはいかがでしょうか。後に、そろそろ遺言書を作成しようかなと思ったときにも、きっと作っておいた財産目録が非常に役立つことと思います。

また、ご自身は財産を把握していても、ご家族が一切把握していないとなると、万一ご自身に何かあった場合、残されたご家族は一から郵便物等を頼りに財産探しをしていかなければなりません。これが意外と手間でして、残された相続人にとって、整理されている財産目録の存在は、それによって遺産の内容が一目でわかるため、非常にありがたい存在となります。

第九十三句

簡単な　家系図自分で　作るのも

「家系図」と聞くと、先祖代々の名前が並んだ巻物が頭に浮かぶ方も多いのではないでしょうか。実際にそういったものが受け継がれている家もあるのかと思います。

最近では、戸籍をたどって家系図を作成するサービスなどもあるようです。相続の手続きを進める中で江戸時代に生まれた先祖が出てくることもめずらしくはないので、そのあたりから記載して装丁すれば、なかなか立派なものになるのかもしれません。

ちなみに、遺産分割協議や相続登記の際にも、よく「相続関係説明図」などを用意しますが、こちらは鑑賞ではなく手続きが目的ですので、装飾などは施さないのが一般的です。

いずれにせよ、自分で戸籍を集めてそのような書類を作成するのは、なかなか大変なことでしょう。でも、とくに手続きなどで使うのでなければ、できる範囲で自分の家族を書き出して、簡単な家系図を作ってみるのも一興かと思われます。

情報を集めていくうちに、遠くの親戚を思い出すこともあるでしょう。また、疎遠になっていた兄弟と、ひさしぶりに話すきっかけになるかもしれません。場合によっては、地元のお寺でご先祖様のお話が聞けることなどもあるようです。もちろん、子孫のことも書きますので、お子さんやお孫さんに対する思いも変わるかもしれません。

このようにして作った家系図は、戸籍から客観的に情報を集めたものとは、また違った価値があるのではないでしょうか。

第九十四句

断捨離で　家族も助かる　生前整理

「断捨離」という言葉が、数年前に流行語になりました。不要な物を断ち、いらないものは捨て、物への執着から離れる事で、人生が少し快適になるといった考え方から来る言葉かと思います。

日々の生活の中で、身の回りの物は増えていきます。これはいつか使うだろう。とか、いつ使うか分からないけど今捨てるのはもったいない、といったお気持ちから、なかなか物を捨てられないのもよく分かります。しかし、この「もったいない」が行き過ぎると、やがて、家に物があふれてきます。

歳を重ねるとともに物を整理する気力自体も低下し、ややもするとゴミ屋敷にもなりかねません。これでは、日々を快適に過ごすことすら難しくなり、心身の健康を害するおそれも出てきます。

最近、遺品整理を専門とする事業者も増えてきました。それだけ需要が高まっているようです。人の死後、故人が残した物の処分で遺族が困惑するといったお話もよく耳にします。物は人の死とともに「遺品」となります。故人の思いが詰まった「遺品」、家族はなかなか捨てづらいですよね。

終活の第一歩は、不要な物の整理と処分から始まります。写真をアルバムに整理する。もう読まないであろう本を古本屋さんへ持って行く。着ない着物を知人にプレゼントする等々、徐々に断捨離を進め、物を整理することで、心身ともにスッキリし、快適な生活を手に入れるとともに、ご家族の後の負担を減らすことに繋がるかもしれません。

第九十五句

望む医療　元気だからこそ　考える

若いころは病気のことなどまったく気にしなかった方も多いでしょう。でも、四十代になると周りで大きな病気をする人も出てきて、自分のことも少し心配するようになり、五十代、六十代ともなると、同窓会ではお互いに病気自慢……というようなこともあるようです。

また、それくらいの年齢になると、親御さんもかなりの高齢になっていますから、緊急入院の手続きや延命治療への同意などを経験されている人もいるでしょう。そういった話を耳にして、ご自分の望む治療をなんとなく考えている方もいらっしゃるのではないでしょうか。

一部では「ピンピンコロリ」という言葉もつかわれているようです。「高齢になってもピンピンと元気に生活して、最後は苦しむことなくコロリと旅立つ」みたいな感じでしょうか。「ピンコロ」や「ＰＰＫ」なんて略されることもあるようで、それを目指して健康な生活を心がけるのもよいことなのかなとは思います。

そうはいっても、やはり年齢とともに大病を患う危険性は高まっていきますから、「もしも」のときに備えておいたほうがよいのも事実でしょう。自分はなるべく自宅で治療を受けたいのか、それとも管理が行き届いた病院で手厚い世話をしてほしいのか、また、どの程度までの延命治療を望むのかなどを、あらかじめ検討しておくわけです。

まだまだ元気でなんとなく他人事みたいな感じのするうちに、冷静に考えておくのがよいのかもしれません。

第九十六句

死後事務を　理解し整理し　準備する

人の死亡後、行わなければならない手続きは多岐にわたります。一般的に死後事務は残された大切な家族の仕事となるわけですので、自分には関係ないから、というわけにもいきませんね。

最初に死亡届を提出することから始まる死後事務、代表的なものを確認してみましょう。

まず、役所への手続き及び公的証書の返却です。故人が年金受給者であれば、年金事務所へ年金受給権者死亡届および未支給年金の請求、市役所等へ国民健康保険証の返却や葬祭費の申請、運転免許証やパスポートなどの返却も必要です。次に、名義変更の手続き。不動産や銀行口座、自動車等は相続が絡んできます。クレジットカードや携帯電話などの解約手続も必要です。

昨今多いのが、会員退会。誰でも会員カードなる物を複数枚お持ちなのではないでしょうか。スポーツクラブはもちろん、デパート、スーパー、レンタルビデオ……。カードはなくても、インターネット上での会員になられている方も多いでしょう。これらは、しっかり退会手続をしないと、有料会員などの場合には、会費の請求だけ送られてくることになります。

最後に、デジタル遺産と言われるブログやSNS、その他のソーシャルメディア。これらを残したまま亡くなると、パスワードが分からず誰も削除できないということにも繋がりますので、気を付けましょう。

死後事務にはどんなことがあって、どんな準備が必要かを知っておく、場合によっては、それらの一覧を作ったり、専門的な内容は事前に専門家に依頼しておくなどしておくと家族も大変助かることでしょう。

第九十七句

気に入った写真で最後のお別れを

ご家族が亡くなってご葬儀の準備をしている中で、祭壇に飾る遺影をどうするかで悩まれた経験のある方もいらっしゃるのではないでしょうか。

普段から自分の顔写真をある程度の大きさに印刷して、それを額に入れて飾っているような人はあまり多くないでしょう。ですから、アルバムから適当な写真を見つけ出して、それを拡大して使うこともあるわけです。でも、集合写真などで顔が小さくしか写っていない場合ですと、拡大するとぼやけてしまって使い物にならないみたいです。

もっとも、現在はデジタルカメラが主流ですし、画像のサイズもどんどん大きくなっていますので、以前に比べると画像の切り抜きや多少の加工はしやすくなっているようです。それでも、もともと意識して撮影したものではないので、髪型や表情までそれらしいものを見つけるのは、やはりけっこう難しいようです。

そんなこともあって、最近では元気なうちに自分の遺影を用意しておく人が増えているのだそうです。お気に入りの服を着て髪型も整えて、写真屋さんなどできちんとしたカメラマンに撮影してもらうと、やはりひと味違うものができるのだとか。

もちろん、一度決めたら変更できないということはないので、しばらく経ったら新しい写真を用意してもいいわけです。中には、定期的に遺影を「更新」しているような人もいるみたいです。

第九十八句

自らの　葬儀考え　準備する

一昔前、葬儀と言えば一般葬というイメージが強かったように思います。ご親族はもちろん、友人知人、会社関係者、町内の方々等々参列して行われる形式です。ただ近頃、核家族化やご近所関係の希薄化も関係してか、家族葬の割合が増えてきました。また、葬儀にはなるべくお金をかけたくないといった理由から告別式などの儀式は行わない直葬も増えています。ご自身の葬儀の希望を事前に家族に伝えている方って、それほど多くないようです。そもそも、葬儀は遺族が決めることと考える方も少なくないようです。

そんな中、ご遺族がどのような葬儀様式を選ぶかでとても迷うという話を聞いたことがあります。故人の死亡後、急いで葬儀会社を探し連絡し、バタバタする中で、葬儀様式と費用の決断を迫られます。

葬儀を盛大に行ってはあげたいが、それだけ費用もかさむので……。故人は明るく友人も多かったから、こじんまりした家族葬で納得してくれるかしら……。費用はかけたくないので直葬にしたいが、通夜も告別式も行わないなんて罰当たりじゃないのかしら……。と色々悩みます。

ご自身の葬儀を考え、事前にご家族と相談しておく、希望をエンディングノートに記載しておく、葬儀会社と事前に打ち合わせをし契約しておく。ご自身の葬儀をイメージする事は、あまり楽しいことではないかもしれませんが、ご自身とご家族にとってとても重要なことなのかもしれません。

第九十九句

埋葬のスタイル近年多様化に

歳を重ねるにつれ、自らが亡くなった後、どこに・どのように埋葬されるのかは気になるものですね。一昔前であれば、死んだら当然、先祖代々のお墓に埋葬されるものとお考えになられる方も多かったかもしれません。ただ、いつの時代も姑と同じ墓には入りたくないとか、死んだら夫方のお墓でなく、自分の親と同じお墓に埋葬されたいという要望も多々あるようですが……。

昨今、生前の生活スタイル及び価値観の多様化に伴って、埋葬スタイルも自分にふさわしいものを事前に探しておく方が増えてきたように思います。また、ご供養の種類も時代に伴って年々多様化してきておりますので、いくつか見ていきたいと思います。

現在、高齢者向けのお墓講座などで人気が高いのが自然葬と言われる方式です。【樹木葬】が有名ですが、【海洋散骨】や【空中散骨】といわれるものもあり、「お墓にお金をかけたくない」「死んだ後は自然に帰りたい」などと考える方には人気です。最近では、遺灰を人工衛星やロケットに載せ、宇宙へ打ち上げる【宇宙葬】なども注目を集めています。

冷暖房完備、雨風しのげる屋内で掃除や草むしりも要らない【納骨堂】も、人気があるようです。コインロッカー型や、可動収納型、そして屋内霊園と言われるマンション型など種類も色々増えてきましたね。

その他にも、インターネット上にお墓を作る【サイバーストーン】や散骨した後一部の遺骨をアクセサリーなどにして残された家族が身につけておく【手元供養】なども注目を集めています。

第百句

ご家族は　遺言《いごん》書いてと　言えぬもの

突然ですが、皆さん高齢の親御さんに対して、「お父さん、遺言書そろそろ書いといてね」なんて気軽に言えるでしょうか？ ご家族と遺言や相続の話ってなかなかしづらいものです。

遺言のセミナーなどを行っていますと、参加者の方から、「親にそろそろ遺言書を書いてもらいたいと思っているんですが、どのように話せばいいでしょうか？」という質問を頂いたりします。なかなか難しい質問です。

親や配偶者が高齢になればなるほど、お子さんや配偶者は、後の相続について考えざるを得なくなります。兄弟で揉めたくないなとか、この家は誰に行くのかなとか色々考えますよね。この時、できれば遺言を残してもらいたいと思う気持ちは、当然と言えば当然かもしれません。もしもの時に残された親族間で「**争族**[*]」になどということは避けたいですからね。

例えば、お子さんがいないご夫婦で既に親も他界している場合ですと、夫の死後、遺言がなければ、残された妻は夫の兄弟と遺産分割協議をしなければなりません。普段疎遠の夫の兄弟とお金の話をするのは嫌なものです。

遺言を残す残さないは、当然ご自身が決めることです。遺言の事なんて縁起でもないし考えたくもないという方も多いかと思います。ただ、残された遺族のことを考えると、自分の死後、相続で揉めないように、遺言を残してあげることは、家族への最後の優しさなのかもしれません。

＊ 争族→五十一句へ

略歴

井出　誠

1975年東京都八王子市生まれ
至誠法務労務サポート　代表
行政書士（東京都行政書士会所属）
社会保険労務士（東京都社会保険労務士会所属）
一般社団法人社労士成年後見センター東京 正会員
■至誠法務労務サポート ホームページ：http://shisei.tokyo/

遺言書作成支援・成年後見・年金相談等、高齢者サポート業務を行うとともに、
介護事業所の設立・指定申請・経営サポート業務及び中小企業の労務管理を中心に活動。
「相続川柳」と共に「労務川柳」もWebにて発信中。

長岡俊行

1975年東京都八王子市生まれ
はちおうじ総務相談所　代表
行政書士（東京都行政書士会所属）
社会保険労務士（東京都社会保険労務士会所属）
特定非営利活動法人著作権推進会議 理事
■はちおうじ総務相談所 ホームページ：http://802soudan.jp/

相続手続・遺言書作成支援等の個人向け業務を行うとともに、
経営革新等支援機関として、知的資産等を活用した中小企業の経営改善支援を行う。

本文デザイン ● 松倉 浩
イラスト ● 神田 めぐみ
協力 ● 企画のたまご屋さん（おかのきんや）

東京堂出版の新刊情報です

相続川柳　— 相続を 気軽に学ぶ 五七五

2015年11月20日　初版印刷
2015年11月30日　初版発行

著　者　井出 誠、長岡俊行
発行者　小林悠一
発行所　株式会社 東京堂出版　http://www.tokyodoshuppan.com/
〒101-0051
東京都千代田区神田神保町1-17
電話　03-3233-3741
振替　00130-7-270

印刷所　日経印刷株式会社
製本所　日経印刷株式会社

ISBN978-4-490-20924-2 C0032